열 여섯 시간에 완성하는 중학 영어 단기 특강

열중16강

문법
LEVEL 3

열중 16강

문법 LEVEL 3

지은이	NE능률 영어교육연구소
선임 연구원	김지현
연구원	이지연 허인혜 이희진
영문 교열	Nathaniel Galletta August Niederhaus
디자인	박정진 김연주
내지 일러스트	김예은 김혜연
내지 사진	www.shutterstock.com
맥편집	김선희

Let's grow together

NE능률이
미래를
창조합니다.

건강한 배움의 고객가치를 제공하겠다는 꿈을 실현하기 위해
40년이 넘는 시간 동안 열심히 달려왔습니다.

앞으로도 끊임없는 연구와 노력을 통해
당연한 것을 멈추지 않고

고객, 기업, 직원 모두가 함께 성장하는 NE능률이 되겠습니다.

Many of life's failures are people who did not realize how close they were to success when they gave up.

인생에서 실패한 사람 중 다수는 성공을 목전에 두고도 모른 채 포기한 이들이다.

Thomas A. Edison

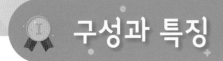

Grammar

꼭 필요한 문법 설명을 한눈에 들어오게 정리하였습니다.

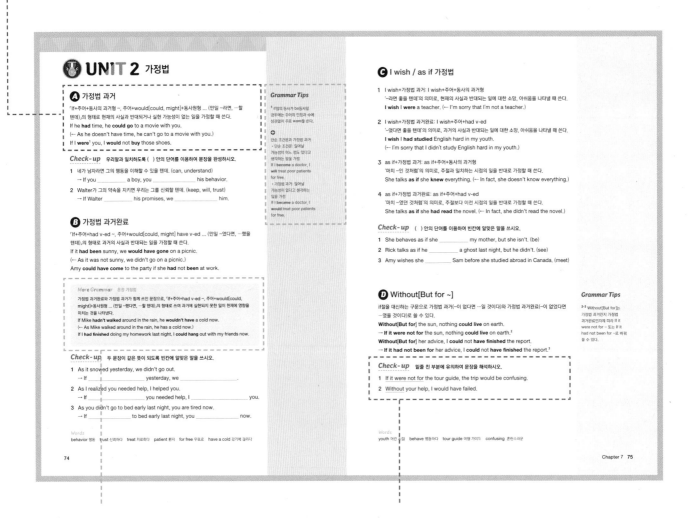

More Grammar,
Grammar Tips

해당 문법 사항을 이해하는 데 꼭 필요하거나,
추가로 알아두면 좋은 정보를 담았습니다.

Check-up

간단한 문법 문제로 핵심 내용에 대한
이해도를 빠르게 확인할 수 있습니다.

내신 적중 테스트

학습한 내용을 학교 시험과 유사한
문제들로 점검하여 내신을 효과적으로
준비할 수 있습니다.

서술형 내공 UP

다양한 서술형 문제들을 통해 학교
시험에서 점점 더 중시되고 있는 서술형
문제를 확실하게 대비할 수 있습니다.

문법 정리 OX

꼭 기억해두어야 할 문법 사항을
간단한 OX 문제를 풀면서
다시 한 번 정리할 수 있습니다.

Special Thanks to 열중 16강 문법 개발에 도움을 주신 선생님들

강군필 마포푸른솔학원   강선 인천연성중학교   강은희 국제어학당   권이정 M&S사관학원   김광민 비전 SnD 학원   김명희 스쿨카슨어학원

김민혜 상도중학교   김봉수 SM English 어학원   김수연 원당중학교   김용진 바른어학원   김지수 정상어학원   김혜영 에듀원영어학원

명가은 명가은어학원   박혜영 인천동방중학교   송선미 신방학중학교   신규숙 EM&트로이카학원   양세일 양세일영어학원   양용식 숭의여자중학교

오인아 보스톤어학원   윤석진 윤석진어학원   이정욱 이은재어학원   이채민 정현영어학원   전성훈 훈선생영어학원   정창용 엑소더스어학원

주세정 천호중학교   최호준 현대캠프입시학원   편영우 SCL영어학원   한나경 원힐영수전문학원   한승표 English Expert 영어전문학원

이 책의 목차

권두 부록 문장의 기본 구성   07

Chapter 1
시제

UNIT 1 현재완료시제   12
UNIT 2 과거완료, 미래완료시제   14

Chapter 2
to부정사와 동명사

UNIT 1 to부정사   22
UNIT 2 to부정사와 동명사   24

Chapter 3
분사

UNIT 1 분사와 분사구문   32
UNIT 2 여러 가지 분사구문   34

Chapter 4
수동태

UNIT 1 수동태의 의미와 형태   42
UNIT 2 여러 가지 수동태   44

Chapter 5
조동사

UNIT 1 조동사 1 - can, may, 52
must / have to, should

UNIT 2 조동사 2 - had better / would rather, 54
would / used to,
조동사+have v-ed

Chapter 6
관계사

UNIT 1 관계대명사와 관계부사 62
UNIT 2 주의해야 할 관계사의 용법 64

Chapter 7
접속사와 가정법

UNIT 1 접속사 72
UNIT 2 가정법 74

Chapter 8
일치, 비교, 특수 구문

UNIT 1 일치 82
UNIT 2 비교와 특수 구문 84

Study Plan

학습일		학습 단원		학습 진행 상황
DAY 01	Chapter 1	Unit 1	현재완료시제	☐
DAY 02		Unit 2	과거완료, 미래완료시제	☐
		내신 적중 테스트 / 서술형 내공 UP / 문법 정리 OX		☐
DAY 03	Chapter 2	Unit 1	to부정사	☐
DAY 04		Unit 2	to부정사와 동명사	☐
		내신 적중 테스트 / 서술형 내공 UP / 문법 정리 OX		☐
DAY 05	Chapter 3	Unit 1	분사와 분사구문	☐
DAY 06		Unit 2	여러 가지 분사구문	☐
		내신 적중 테스트 / 서술형 내공 UP / 문법 정리 OX		☐
DAY 07	Chapter 4	Unit 1	수동태의 의미와 형태	☐
DAY 08		Unit 2	여러 가지 수동태	☐
		내신 적중 테스트 / 서술형 내공 UP / 문법 정리 OX		☐
DAY 09	Chapter 5	Unit 1	조동사 1	☐
DAY 10		Unit 2	조동사 2	☐
		내신 적중 테스트 / 서술형 내공 UP / 문법 정리 OX		☐
DAY 11	Chapter 6	Unit 1	관계대명사와 관계부사	☐
DAY 12		Unit 2	주의해야 할 관계사의 용법	☐
		내신 적중 테스트 / 서술형 내공 UP / 문법 정리 OX		☐
DAY 13	Chapter 7	Unit 1	접속사	☐
DAY 14		Unit 2	가정법	☐
		내신 적중 테스트 / 서술형 내공 UP / 문법 정리 OX		☐
DAY 15	Chapter 8	Unit 1	일치	☐
DAY 16		Unit 2	비교와 특수 구문	☐
		내신 적중 테스트 / 서술형 내공 UP / 문법 정리 OX		☐

문장의 기본 구성

1 문장의 성분

문장의 성분이란 문장을 구성하는 데 기본이 되는 요소들을 말한다. 문장은 기본적으로 주어와 동사로
이루어져 있으며, 필요에 따라 목적어, 보어, 수식어 등이 온다.

주어　동작이나 상태의 주체가 되는 말로 보통 문장 맨 앞에 와서 '~은[는, 이, 가]'로 해석된다.
주로 명사나 대명사가 오지만, 동명사구나 to부정사구와 같이 긴 주어가 오기도 한다.

He walks to school every day.　그는 매일 학교에 걸어서 간다.
Playing baseball together is always fun.　함께 야구를 하는 것은 항상 재미있다.

동사　주어의 동작이나 상태를 나타내는 말로 보통 주어 뒤에서 '~하다[이다]'로 해석된다.
두 단어 이상이 모여 동사 역할을 하기도 하고, 조동사와 함께 쓰이기도 한다.

I **like** eating dessert after meals.　나는 식사 후에 디저트 먹는 것을 좋아한다.
Jenny **turned on** the air conditioner.　Jenny는 에어컨을 틀었다.
You **should take** this medicine three times a day.　당신은 하루에 세 번 이 약을 먹어야 합니다.

목적어　동사의 행위의 대상이 되는 말로 보통 동사 다음에 와서 '~을[를]'로 해석된다.
주로 명사나 대명사가 오지만, 동명사구나 to부정사구와 같이 긴 목적어가 오기도 한다.

I have **a warm coat**.　나는 따뜻한 코트를 가지고 있다.
He wants **to know the truth**.　그는 진실을 알기를 원한다.

보어　동사를 도와 주어나 목적어를 보충 설명하는 말이다. 동사 뒤에서 주어를 보충 설명하면
'주격보어', 목적어 뒤에서 목적어를 보충 설명하면 '목적격보어'이다.

My brother is **a movie director**. 〈주격보어〉　우리 오빠는 영화감독이다.
She always leaves *the door* **open**. 〈목적격보어〉　그녀는 항상 그 문을 연 채로 둔다.

수식어　문장의 다른 요소들을 꾸며주는 말로 문장을 구성하는 데 반드시 필요한 성분은 아니지만,
문장의 필수 성분들을 꾸며서 내용을 알차게 만든다.

The **famous** doctor helped people.　그 유명한 의사는 사람들을 도와주었다.
Ducks are swimming **in the river**.　오리들이 강에서 수영하고 있다.

2 문장의 형식

주어와 동사 이외에 어떤 문장 성분이 쓰였는지에 따라 문장의 종류를 5가지로 나눌 수 있는데 이를
문장의 형식이라고 한다.

주어+동사: 1형식

주어와 동사만으로 의미가 전달되는 문장이다. 수식어구 때문에 문장이 길어지기도 하지만,
수식어구는 문장의 형식에 포함되지 않는다.

The baby walks.   그 아기가 걷는다.
　　주어　　동사

We live in a small town.   우리는 작은 마을에 산다.
주어　동사　　(수식어구)

There were many cookies on the table.   탁자 위에 쿠키가 많이 있었다.
　　동사　　　주어　　　(수식어구)

주어+동사+주격보어: 2형식

동사만으로 주어를 충분히 설명해주지 못할 때, 동사 뒤에 주격보어가 와서 주어의 상태, 성질 등을 나타낸다.
주격보어로는 주로 (대)명사, 형용사가 오며, 주어와 주격보어는 의미상으로 주어와 서술어의 관계(주어 = 주격보어)에 있다.

- 주요 2형식 동사
① 상태나 상태의 변화를 나타내는 동사: be(~이다), keep(~인 채로 있다), remain(여전히 ~이다),
　become(~가 되다), get(~(상태)가 되다) 등
② 감각을 나타내는 동사: look, smell, feel, sound, taste 등

Tony is my best friend.   Tony는 나의 가장 친한 친구이다.
주어　동사　　주격보어

My teacher got angry.   우리 선생님은 화가 나셨다.
　　주어　　　동사 주격보어

Their travel plans sound exciting.   그들의 여행 계획은 흥미롭게 들린다.
　　　주어　　　　　동사　　주격보어

주어+동사+목적어: 3형식

동사의 행위의 대상인 목적어가 필요한 문장이다. 목적어로는 주로 명사(구)나 대명사가 오며, 동명사구나 to부정사구,
that절과 같이 긴 목적어가 오기도 한다.

Lisa updated her blog after school.　Lisa는 방과 후에 그녀의 블로그를 업데이트했다.
　주어　　　동사　　　목적어　　　(수식어구)

My brother enjoys playing computer games.　우리 오빠는 컴퓨터 게임을 하는 것을 즐긴다.
　주어.　　　동사　　　　목적어

She found that the program had an error.　그녀는 그 프로그램에 오류가 있다는 것을 발견했다.
주어　　동사　　　　　　목적어

주어+동사+간접목적어+직접목적어: 4형식

동사 뒤에 목적어가 두 개 쓰이는 문장으로, 이때의 동사를 수여동사라고 한다. 수여동사 뒤에는 간접목적어(~에게)를
먼저 쓰고, 그 뒤에 직접목적어(~을)를 쓴다.

– 주요 4형식 동사: 수여동사
give, send, show, bring, teach, tell, buy, make, ask 등

My friend sent me a birthday present.　내 친구가 나에게 생일 선물을 보냈다.
　주어　　　동사　간접목적어　직접목적어

– 4형식 문장은 3형식 문장으로 전환할 수 있는데, 이때 간접목적어와 직접목적어의 순서를 바꾸고
간접목적어 앞에 전치사를 쓴다.

My friend sent a birthday present *to* me.　내 친구가 나에게 생일 선물을 보냈다.
　주어　　　동사　　　직접목적어　　　전치사+간접목적어

주어+동사+목적어+목적격보어: 5형식

목적어 뒤에서 목적어에 대한 정보를 보충 설명해주는 말이 나오는 경우가 있는데, 이 말을 목적격보어라고 한다.
목적격보어는 동사의 종류에 따라서 명사(구), 형용사(구), to부정사(구), 동사원형 등이 올 수 있으며, 목적어와 목적격보어는
의미상으로 주어와 서술어 관계(목적어 = 목적격보어)에 있다.

The couple named their son Harry.　그 부부는 그들의 아들을 Harry라고 이름 지었다.
　주어　　　동사　　　목적어　목적격보어

She thought him funny and kind.　그녀는 그가 재미있고 친절하다고 생각했다.
주어　　동사　　목적어　　　목적격보어

Their parents allowed them to play outside.　그들의 부모님은 그들이 밖에서 노는 것을 허락했다.
　주어　　　동사　　　목적어　　　목적격보어

The pilot let the passengers know the arrival time.　그 조종사는 승객들에게 도착 시간을 알려주었다.
　주어　　동사　　　목적어　　　　목적격보어

Chapter

1

시제

UNIT 1 현재완료시제
UNIT 2 과거완료, 미래완료시제

 **UNIT 1** 현재완료시제

A 완료시제의 개념

완료시제는 어느 한 시점에 시작되어 또 다른 시점까지 영향을 미치는 일을 서로 연관 지어 나타낸 것으로, 「have/has/had+과거분사(v-ed)」의 형태로 쓴다.

I always **wash** my hands right after I come back home. 현재

I **washed** my hands when you were making dinner. 과거

I **will wash** my hands after cleaning the window. 미래

Have you **washed** your hands? — Yes, I have. I am ready to eat now. 현재완료

More Grammar 영어의 12시제

기본시제	현재 I drive.	과거 I drove.	미래 I will drive.
완료시제	현재완료 I have driven.	과거완료 I had driven.	미래완료 I will have driven.
진행시제	현재 진행 I am driving.	과거 진행 I was driving.	미래 진행 I will be driving.
완료진행시제	현재완료 진행 I have been driving.	과거완료 진행 I had been driving.	미래완료 진행 I will have been driving.

Check-up 다음 문장을 해석하시오.

1 I have visited Mokpo three times, so I know the city well.

2 Jason is full. He has already eaten his dinner.

B 현재완료시제

현재완료시제는 have/has v-ed의 형태로, 과거에 일어난 일이 현재까지 영향을 미치는 것을 나타낸다.

I **have driven** for two hours.

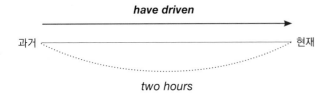

have driven

과거 ⟶ 현재

two hours

Words
ready 준비가 된   full 배가 부른   already 이미, 벌써

1 완료: 과거에 시작된 일이 최근 또는 조금 전에 완료됨(막 ~했다)을 나타내며 already, just, yet 등과 자주 쓰인다.

He **has** *just* **arrived** in London.

She **hasn't read** the last chapter of the book *yet*.

2 계속: 과거에 시작된 일이 현재까지 계속되고 있음((지금까지) 계속 ~해왔다)을 나타내며 for, since[1] 등과 자주 쓰인다.

I **have known** him *for* more than five years.

This statue **has stood** in the park *since* 1872.

3 경험: 과거부터 현재까지의 경험(~한 적이 있다)을 나타내며 ever, never, before, once, ~ times 등과 자주 쓰인다.

We **haven't upgraded** our computer *before*.

Brian **has been** to Europe *once*.[2]

4 결과: 과거에 일어난 일의 결과가 현재까지 영향을 미침(~해 버렸다 (그 결과 지금은 ~하다))을 나타낸다.

James **has lost** his car key. He doesn't have it now.

She **has gone** to Jejudo.[3] She has not returned yet.

Check-up 두 문장이 같은 뜻이 되도록 빈칸에 알맞은 말을 쓰시오.

1 He was sick on Friday, and he is still sick now.

→ He ＿＿＿＿＿ ＿＿＿＿＿ ＿＿＿＿＿ since Friday.

2 Mina went to France, and she has not come back yet.

→ Mina ＿＿＿＿＿ ＿＿＿＿＿ ＿＿＿＿＿ France.

ⓒ 현재완료 진행시제

현재완료 진행시제는 have/has been v-ing의 형태로, 과거에 시작되어 현재에도 계속되고 있는 일을 나타낸다.

We **have been fixing** the car for three hours now.

He **has been studying** since this morning.

Check-up 우리말과 일치하도록 (   ) 안의 단어를 이용하여 문장을 완성하시오.

1 그는 몇 시간째 TV를 보고 있는 중이다. (watch)

→ He ＿＿＿＿＿ ＿＿＿＿＿ ＿＿＿＿＿ TV for several hours.

2 어젯밤부터 계속 비가 내리고 있는 중이다. (rain)

→ It ＿＿＿＿＿ ＿＿＿＿＿ ＿＿＿＿＿ since last night.

Words

chapter (책의) 장   upgrade (컴퓨터 등을) 업그레이드하다   return 돌아오다   fix 고치다   several 몇몇의

[1] for는 '~동안'의 의미로 기간과 함께 쓰이고, since는 '~이래로'의 의미로 기준 시점과 함께 쓰인다.

2-3 • have been to: ~에 가본 적이 있다(경험)
• have gone to: ~에 가버리고 없다(결과)

➕

현재완료시제는 과거의 특정 시점을 나타내는 말 (~ ago, yesterday, last ~, in+과거연도)과 함께 쓸 수 없다.

I *have arrived* here **yesterday**. (x)

→ I *arrived* here **yesterday**. (o)

➕

완료 진행시제는 완료시제의 계속적 용법과 쓰임이 비슷하지만, 동작이 진행 중임을 더 강조할 때 쓴다.

UNIT 2 과거완료, 미래완료시제

A 과거완료시제

과거완료시제는 had v-ed의 형태로, 과거의 특정 시점 이전에 일어났거나 과거의 특정 시점까지 영향을 미친 일을 나타낸다.

I **had driven** for two hours when you called me.

| had driven |
| 과거 이전 | *two hours* | 과거 | 현재 |
| | | (*you called me*) | |

Julie **had** already **finished** her dinner when he came. 완료
He **had been** ill for two weeks, so he couldn't come yesterday. 계속
Mike **had** never **seen** a musical until he was 20. 경험
I **had lost** my bag on the train, so I couldn't enjoy the trip. 결과

Check-up ( ) 안의 단어를 이용하여 빈칸에 알맞은 말을 완료시제로 쓰시오.

1 I _____ my arm, so I couldn't wash my face. (break)

2 He lost the cell phone that he _____ three days before. (buy)

3 She _____ in Bundang for three years before she moved to Seoul. (live)

B 과거완료 진행시제

과거완료 진행시제는 had been v-ing의 형태로, 과거의 특정 시점 이전에 시작되어 그 특정 시점에도 계속되고 있었던 일을 나타낸다.

When we finally found seats, the movie **had been playing** for ten minutes.
The lake was dirty because people **had been dumping** garbage there.

Check-up 다음 문장을 완료 진행시제로 바꿔 쓰시오.

1 Paul called Sumi an hour after she had started exercising.
→ When Paul called Sumi, she _____ for an hour.

2 Alex came 30 minutes after Jane had started cleaning the room.
→ Jane _____ the room for 30 minutes when Alex came.

Words
ill 아픈   break one's arm ~의 팔이 부러지다   move 이사하다   finally 마침내   seat 좌석

C 미래완료시제

미래완료시제는 will have v-ed의 형태로, 미래의 특정 시점까지 완료되거나 영향을 미칠 것으로 예상되는 일을 나타낸다.

By the time we arrive[1] in Seoul, I **will have driven** for two hours.

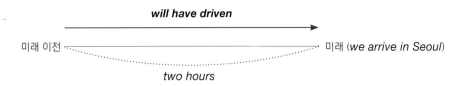

If I see[2] the movie once more, I **will have seen** it three times.
By next month, I **will have known** him for ten years.

Grammar Tips

1-2 시간이나 조건을 나타내는 접속사(by the time, before, when, if, unless ...)가 이끄는 부사절은 미래의 일이라도 현재시제로 나타낸다.

Check-up 우리말과 일치하도록 밑줄 친 부분을 어법에 맞게 고치시오.

1 3월 말이 되기 전에 그 눈은 사라진 상태일 것이다.
→ The snow <u>disappear</u> before the end of March.

2 이 과정을 마칠 때쯤이면 너의 영어는 향상된 상태일 것이다.
→ Your English <u>improve</u> by the time you complete this course.

3 그가 도착했을 때 나는 이미 점심을 먹은 상태일 것이다.
→ When he arrives, I <u>already eat</u> my lunch.

4 10시면 그 경기는 끝난 상태일 것이다.
→ The game <u>have finished</u> by ten o'clock.

D 미래완료 진행시제

미래완료 진행시제는 will have been v-ing의 형태로, 미래의 특정 시점에도 계속되고 있을 일을 나타낸다.

On Saturday, we **will have been living** in this house for a year.
By next year, I **will have been working** in this company for 20 years.

Check-up 우리말과 일치하도록 (   ) 안의 단어를 이용하여 문장을 완성하시오.

1 내년이면 그는 이 학교에서 10년간 가르치고 있는 셈이 될 것이다. (teach)
→ By next year, he _____ at this school for 10 years.

2 내일 비가 그치지 않으면 3일간 비가 내리고 있는 셈이 될 것이다. (rain)
→ It _____ for three days if it does not stop tomorrow.

3 올해 말쯤이면 그녀는 30년 동안 노래하고 있는 셈이 될 것이다. (sing)
→ By the end of this year, she _____ for 30 years.

Words

by the time ~할 때쯤이면   disappear 사라지다   improve 향상되다   complete 완료하다
course (교육) 과정, 강좌

[01-03] 빈칸에 알맞은 것을 고르시오.

01

> Luke _____ for Beijing, so he is not here now.

① leaves　　　　② is leaving
③ has left　　　④ had left
⑤ will leave

02

> We _____ violin lessons since last month.

① takes　　　　② took
③ are taking　　④ will take
⑤ have been taking

03

> If Roy reads that book again, he _____ it four times.

① is reading　　　② has read
③ will read　　　④ had been reading
⑤ will have read

⭐ **자주 나와요**

04 빈칸에 알맞지 <u>않은</u> 것을 모두 고르시오.

> Sally has visited this art gallery _____.

① before　　　② twice
③ yesterday　　④ last week
⑤ many times

[05-06] 빈칸에 공통으로 알맞은 것을 고르시오.

05

> • Jack _____ already completed the project when his boss returned from his trip.
> • Mary _____ had no friends until she joined the club.

① is　　　　② was
③ has　　　④ had
⑤ will

06

> • Peter has raised parrots _____ he was a child.
> • Kate and Sujin have been close friends _____ 2008.

① for　　　　② during
③ before　　④ since
⑤ after

💬 **서술형**

07 ( ) 안의 단어를 이용하여 빈칸에 알맞은 말을 쓰시오.

> A: I _____ my homework yet. (finish)
> B: Hurry up. You have to turn it in this Friday.

08 빈칸에 알맞은 말이 바르게 짝지어진 것은?

> A: Have you _____ Spanish food recently?
> B: Yes, I _____ some last week.

① eat - ate　　　　② ate - have eaten
③ eaten - eat　　　④ eaten - ate
⑤ eaten - have eaten

09 다음 대화의 빈칸에 알맞은 것은?

A : How long have you worked here?
B : I _____ here for five years next month.

① work   ② have worked
③ had worked   ④ had been working
⑤ will have been working

⭐ 자주 나와요
[10-11] 밑줄 친 부분의 쓰임이 다른 하나를 고르시오.

10
① My sister has been to Italy on business.
② I've never seen such a lovely baby.
③ Dan has never driven a sports car before.
④ Chris has watched that play four times.
⑤ Jean has gone to England with her family.

11
① I have practiced jazz dance for two years.
② We have just moved to a two-story house.
③ Kelly has worn her glasses since she was 10.
④ My father has run this restaurant for four years.
⑤ Jaeho has enjoyed playing chess since he was young.

💬 서술형
[12-13] 두 문장이 같은 뜻이 되도록 빈칸에 알맞은 말을 쓰시오.

12

I forgot Tim's e-mail address, so I don't know it now.
→ I _____ Tim's e-mail address.

13

Jill has worked out in the gym for two months, and she will work out there for one more month.
→ In a month, Jill _____ out in the gym for three months.

[14-16] 우리말과 일치하도록 할 때 빈칸에 알맞은 것을 고르시오.

⭐ 자주 나와요
14

내 부모님은 내가 태어나기 전에 시애틀에 사셨었다.
→ My parents _____ in Seattle before I was born.

① live   ② have lived
③ have been living ④ had lived
⑤ will have lived

15

그 두 학교 간의 야구 경기는 7시면 끝나 있을 것이다.
→ The baseball game between the two schools _____ by seven o'clock.

① finishes   ② is finishing
③ has finished   ④ had finished
⑤ will have finished

16

Jeff는 지난 세 시간 동안 판타지 소설을 읽고 있다.
→ Jeff _____ a fantasy novel for the past three hours.

① reads   ② is reading
③ had read   ④ will have read
⑤ has been reading

17 밑줄 친 부분이 어법상 어색한 것은?

① I will have finished the essay by seven o'clock.

② Boram lost the scarf that she had bought the other day.

③ We'll have been living in Taiwan for 10 years next year.

④ When they arrived, the basketball game has already started.

⑤ He has been preparing dinner for an hour.

18 보기의 밑줄 친 부분과 쓰임이 같은 것은?

보기 The flight for Hawaii has just taken off.

① Sarah has never lied to her parents.

② I have been interested in rock music since 2010.

③ I have regretted a decision once in my life.

④ Ryan has already packed for the field trip.

⑤ She has had a part-time job before.

💬 서술형

[19-21] 우리말과 일치하도록 ( ) 안의 표현을 이용하여 문장을 완성하시오.

19

나는 20살이 될 때까지 다른 나라를 여행해 본 적이 없었다. (travel) → I _____ to another country until I turned 20.

⚠ 어려워요

20

내가 Mr. Brown의 수업을 한 번 더 들으면, 그의 강의를 두 번 듣는 셈이 될 것이다. (take one's class) → If I take Mr. Brown's class once more, I _____ twice.

21

눈이 내리기 시작할 때 우리는 한 시간 동안 야구를 하던 중이었다. (play baseball) → We _____ for an hour when it started to snow.

[22-24] 밑줄 친 부분을 바르게 고친 것을 고르시오.

22

They have heard the sad news by tomorrow.

① hear　　　　　② heard

③ had heard　　　④ have been hearing

⑤ will have heard

23

I had had a headache since yesterday, so it's hard to study for the exam now.

① have　　　　　② had

③ have had　　　④ had been having

⑤ will have had

24

Tina didn't eat lunch before her friends came.

① doesn't eat　　② will not eat

③ has not eaten　④ had not eaten

⑤ will not have eaten

⚠ 어려워요

25 어법상 올바른 것은?

① Dave worked for this company since 2011.

② He has retired by the year 2020.

③ My copy machine will have broken down. I can't use it now.

④ I had been walking for three hours, so my feet started to hurt.

⑤ Nate and Julie live together for five years when I last met them.

A

우리말과 일치하도록 주어진 단어를 바르게 배열하시오.

1 Ted는 하루 종일 꽃을 심고 있는 중이다.
(flowers, all day, Ted, been, planting, has)
→ _____

2 우리는 저녁 9시까지는 집에 도착해 있을 것이다.
(home, we, 9 p.m., will, by, arrived, have)
→ _____

3 내가 전화를 했을 때 그녀는 이미 사무실을 나왔다.
(had, her office, already, she, left)
→ _____ when I called her.

B

우리말과 일치하도록 ( ) 안의 단어를 이용하여 문장을 완성하시오.

1 누군가가 문을 두드렸을 때 그는 두 시간 동안 공부를 하던 중이었다. (study)
→ He _____ for two hours when someone knocked on the door.

2 나는 아직 나의 새 모자를 써보지 않았다. (wear)
→ I _____ my new hat yet.

3 너는 패밀리 레스토랑에 가본 적이 있니? (ever)
→ _____ a family restaurant?

⚠ 어려워요

C

다음 Sue의 오늘 일과표를 참고하여 문장을 완성하시오.
(단, 현재 시각은 정오임)

09:00 a.m. ~ 10:00 a.m.	working out
10:30 a.m. ~ 11:30 a.m.	reading a book
12:00 p.m. ~ 01:00 p.m.	having lunch
01:30 p.m. ~ 03:30 p.m.	shopping

1 Sue _____ before she read a book.
2 Sue _____ lunch by 1 p.m.
3 At 2:30 p.m., Sue _____ for an hour.

D

그림을 보고 ( ) 안의 표현을 이용하여 문장을 완성하시오.

1

three hours ago   now

2

30 minutes ago   15 minutes ago

1 She _____ for three hours. (paint a picture)
2 He _____ before he went to bed. (brush one's teeth)

E

다음 글의 밑줄 친 우리말과 일치하도록 ( ) 안의 단어를 이용하여 문장을 완성하시오.

Justin is my favorite singer. ⓐ 나는 2년 동안 그의 팬이었다. Today, I heard some surprising news about him. ⓑ 그는 가수가 되기 전에 우리 동네에 살았었다! Sadly, ⓒ 그는 몇 년 전에 다른 동네로 이사를 갔다, so ⓓ 나는 그를 직접 본 적이 없다. But I'm happy as I'll meet him at his concert tomorrow.

ⓐ I _____ a fan of his for two years. (be)

ⓑ He _____ in my town before he became a singer! (live)

ⓒ he _____ to another town several years ago (move)

ⓓ I _____ him in person (see)

바르게 쓰인 문장에는 **O**, 어색한 문장에는 **X**를 표시한 후,
어색한 부분을 바르게 고치시오.

접어서 풀어보세요.

현재완료시제

1 Jean didn't hear from her sister since last （   ）
month.

_____ → _____

▶ Jean hasn't heard from her sister since last
month.
과거에 일어난 일이 현재에도 영향을 미침을 나타낼 때는 현재완료시제
(have/has v-ed)를 쓴다.

현재완료시제

2 We have been to Vietnam many times. （   ）

_____ → _____

▶ We have been to Vietnam many times.
have been to는 '~에 가본 적이 있다'는 〈경험〉을 나타내고, have gone to
는 '~에 가버리고 없다'는 〈결과〉를 나타낸다.

현재완료시제

3 Oliver has visited this opera house two （   ）
years ago.

_____ → _____

▶ Oliver visited this opera house two years ago.
현재완료시제는 과거의 특정 시점을 나타내는 말과 함께 쓸 수 없다.

현재완료 진행시제

4 They had been swimming for two hours （   ）
now.

_____ → _____

▶ They have been swimming for two hours now.
과거에 시작되어 현재에도 계속되고 있는 일을 나타낼 때는 현재완료 진행시
제(have/has been v-ing)를 쓴다.

과거완료시제

5 I have watched the show before you （   ）
recommended it.

_____ → _____

▶ I had watched the show before you
recommended it.
과거의 특정 시점 이전에 일어났거나 과거의 특정 시점까지 영향을 미친 일을
나타낼 때는 과거완료시제(had v-ed)를 쓴다.

과거완료 진행시제

6 We have been cleaning the house for an （   ）
hour when the doorbell rang.

_____ → _____

▶ We had been cleaning the house for an hour
when the doorbell rang.
과거의 특정 시점 이전에 시작되어 과거의 특정 시점에도 계속되고 있었던 일
을 나타낼 때는 과거완료 진행시제(had been v-ing)를 쓴다.

미래완료시제

7 They have achieved their goal by the year （   ）
2025.

_____ → _____

▶ They will have achieved their goal by the year
2025.
미래의 특정 시점까지 완료되거나 영향을 미칠 것으로 예상되는 일을 나타낼
때는 미래완료시제(will have v-ed)를 쓴다.

미래완료 진행시제

8 Amy will have been studying Spanish for （   ）
two years by the end of this month.

_____ → _____

▶ Amy will have been studying Spanish for two
years by the end of this month.
미래의 특정 시점에도 계속되고 있을 일을 나타낼 때는 미래완료 진행시제
(will have been v-ing)를 쓴다.

Chapter

2

to부정사와 동명사

UNIT 1 to부정사
UNIT 2 to부정사와 동명사

UNIT 1 to부정사

to부정사는 「to+동사원형」의 형태로, 문장 속에서 명사, 형용사, 부사의 역할을 한다.

A to부정사의 명사적 용법

1 명사적 용법: '~하는 것'의 의미로 명사처럼 주어, 목적어, 보어 역할을 한다.
   To exercise regularly is important. 주어
   I want **to be** a musician like my father. 목적어
   Her goal for this semester is **to get** an A in math. 보어

2 가주어, 가목적어 it
   • 가주어 it: to부정사가 주어로 쓰이면 보통 가주어 it을 대신 쓰고 to부정사는 뒤로 보낸다.
   It is a lot of fun **to take** pictures. (← **To take** pictures is a lot of fun.)
   • 가목적어 it[1]: to부정사가 5형식 문장의 목적어로 쓰이면 보통 가목적어 it을 대신 쓰고
   to부정사는 뒤로 보낸다.
   I found **it** difficult **to learn** Chinese.

Check-up 우리말과 일치하도록 ( ) 안의 단어를 이용하여 문장을 완성하시오.

1 너는 그녀를 다시 보기를 바라니? (see)
   → Do you hope _____ her again?
2 그녀는 Simon과 이야기하는 것이 재미있다는 것을 알았다. (interesting, talk)
   → She found it _____ to Simon.

B to부정사의 형용사적 용법과 부사적 용법

1 형용사적 용법: 형용사처럼 앞의 명사(구)를 수식하거나 be to-v의 형태로 주어를 설명한다.
   • 명사(구) 수식
   Please give me *some water* **to drink**.
   They are looking for *an apartment* **to live in**[2]. (← live **in** an apartment)
   • be to-v
   You **are to finish** your homework by today. 의무: ~해야 한다
   They **are to hold** a concert in Seoul. 예정: ~할 예정이다
   No evidence **was to be found**. 가능: ~할 수 있다
   She **was to become** queen. 운명: ~할 운명이다
   If you **are to contact** me, send me an email. 의도: ~하려면

2 부사적 용법: 부사처럼 동사, 형용사, 부사를 수식한다.
   Mike tried hard *not* **to make** the same mistakes again.[3] 목적: ~하기 위해
   I was very excited **to see** the actor in person. 감정의 원인: ~해서

Words
regularly 규칙적으로   goal 목표   semester 학기   evidence 증거   contact 연락하다
make a mistake 실수하다   in person 직접

Grammar Tips

[1] 주로 find, think, make 등의 동사와 함께 「find/think/make it+목적격보어+to-v」 구문으로 쓰인다.

의문사+to-v:
what to-v(무엇을 ~할지),
who(m) to-v(누구를 ~할지),
when to-v(언제 ~할지),
where to-v(어디서 ~할지),
how to-v(어떻게 ~할지)
- Tell me **what to do** next.
- I don't know **how to apologize** to her.

[2] to부정사의 수식을 받는 명사가 to부정사 뒤에 이어지는 전치사의 목적어인 경우 전치사를 반드시 써야 한다.

[3] to부정사의 부정: to부정사 앞에 not이나 never를 쓴다.

She must be a fool **to say** such a thing in front of you. 판단의 근거: ~하다니
To taste this cake, you would think it was from a bakery. 조건: ~한다면
This river is very dangerous **to swim** in. 형용사 수식: ~하기에
Jack grew up **to become** a famous chef. 결과: 그 결과 ~하다[4]

Check-up 밑줄 친 부분에 유의하여 문장을 해석하시오.

1 She must be rich to travel so much.

2 Now is the time to plan for the future.

Grammar Tips

[4] only to-v: ~이지만 결국
…하다 〈결과〉
He did his best **only to
fail** in the audition.

C to부정사의 의미상 주어

to부정사의 행위의 주체(의미상 주어)는 주로 to부정사 앞에 「for+목적격」을 써서 나타낸다. 단, 사람의 성격·태도 등 주관적인 평가를 나타내는 형용사(kind, foolish, rude, careless, polite 등) 뒤에는 「of+목적격」을 쓴다.
It is *impossible* **for me** to read the book in one day.
It is very *foolish* **of you** to forget your password.

Check-up ( ) 안의 단어를 이용하여 빈칸에 알맞은 말을 쓰시오.

1 It took 10 minutes _____ the poem. (me, memorize)

2 It was very kind _____ me with my homework. (you, help)

D 목적격보어로 쓰이는 부정사

1 to부정사가 목적격보어: want/expect/allow/advise/ask/tell ...+목적어+to-v
We *expect* him **to change** his attitude.
My mother *allowed* me **to go** out and play.

2 원형부정사가 목적격보어
 • 지각동사(see, hear, feel ...)+목적어+원형부정사: ~가 …하는 것을 보다[듣다/느끼다]
Lucy didn't *see* me **go** upstairs.[5]
 • 사역동사(have, make, let)+목적어+원형부정사: ~가 …하도록 시키다
Marcy *had* the repairman **fix** her broken cell phone.

Check-up 어법상 어색한 부분을 찾아 바르게 고치시오.

1 The doctor advised me take some medicine.

2 Let me introducing myself to you.

3 She saw a dog to cross the street.

[5] 동작이 진행 중임을
강조할 때는 목적격보어로
현재분사를 쓰기도 한다.
→ Lucy didn't *see* me
going upstairs.

➕
지각동사와 사역동사의
목적어와 목적격보어가
수동의 관계일 때는
목적격보어로 과거분사를
쓴다.
- I *heard* your name
called.
- My father *had* his car
washed.

➕
help는 목적격보어로
원형부정사와 to부정사를
모두 취할 수 있다.
I *helped* my mom **(to) do**
house chores.

Words

foolish 어리석은   careless 부주의한   impossible 불가능한   allow 허락하다   advise 조언하다   attitude 태도
upstairs 위층으로   chore 잡일   cross the street 길을 건너

🎖 UNIT 2 to부정사와 동명사

Ⓐ to부정사를 이용한 구문

1 ~ enough to-v: …할 만큼 충분히 ~하다(= so ~ that+주어+can …)

The room is large **enough to** hold 100 people.

→ The room is **so** large **that** it **can** hold 100 people.

2 too ~ to-v: …하기에 너무 ~하다, 너무 ~해서 …할 수 없다(= so ~ that+주어+can't …)

Paul is **too** busy **to** finish the work on time.

→ Paul is **so** busy **that** he **can't** finish the work on time.

3 문장 전체를 수식하는 to부정사

to tell the truth: 사실대로 말하자면	to be sure: 확실히
to be frank (with you): 솔직히 말하면	so to speak: 말하자면
to begin with: 우선	to make matters worse: 설상가상으로

To be frank with you, I don't think this cake tastes good.

To make matters worse, I've lost my purse.

Check-up   다음 문장을 해석하시오.

1 He is tall enough to reach the top shelf.

2 The museum was too big to see in a day.

3 To be frank with you, I sometimes doze off, too.

Ⓑ 동명사의 기본 용법

동명사는 「동사원형 + -ing」의 형태로, 문장에서 명사처럼 주어, 목적어, 보어 역할을 한다.

Walking *is*[1] a good exercise for people of all ages.   주어

We don't enjoy **watching** TV or movies.   동사의 목적어

Thank you for *not*[2] **forgetting** me.   전치사의 목적어

My favorite activity is **playing** basketball.   보어

Grammar Tips

➕

to부정사의 시제
• 단순형(to-v): to부정사가 나타내는 때가 문장 동사의 시제와 같을 때
Jennifer *seems* **to be** rich. (← It *seems* that Jennifer **is** rich.)
• 완료형(to have v-ed): to부정사가 나타내는 때가 문장 동사의 시제보다 앞설 때
Jennifer *seems* **to have been** rich. (← It *seems* that Jennifer **was** rich.)

[1] 주어로 쓰인 동명사(구)는 단수 취급한다.

[2] 동명사의 부정: 동명사 앞에 not을 쓴다.

➕

동명사의 의미상 주어는 동명사 앞에 소유격이나 목적격을 써서 나타낸다.
I'm sorry for **his[him]** *being* rude to you.

Words

hold (사람을) 수용하다   on time 제시간에   purse 지갑, 핸드백   reach ~에 닿다   doze off 졸다

24

go v-ing: ~하러 가다

be worth v-ing: ~할 가치가 있다

look forward to v-ing: ~하기를 고대하다

cannot help v-ing: ~하지 않을 수 없다

spend+시간/돈+v-ing: ~하는 데 시간/돈을 쓰다

on v-ing: ~하자마자

be busy v-ing: ~하느라 바쁘다

It is no use v-ing: ~해도 소용없다

be used to v-ing: ~하는 데 익숙하다

feel like v-ing: ~하고 싶다

Grammar Tips

➕

동명사의 시제

• 단순형(v-ing): 동명사가 나타내는 때가 문장 동사의 시제와 같을 때

He *is* good at **composing** music.

• 완료형(having v-ed): 동명사가 나타내는 때가 문장 동사의 시제보다 앞설 때

I'm proud of him **having developed** the software.

Check-up   우리말과 일치하도록 ( ) 안의 단어와 동명사를 이용하여 문장을 완성하시오.

1 물을 충분히 마시지 않는 것은 건강에 좋지 않다. (drink)

→ _____ enough water is bad for one's health.

2 나는 중국을 여행하기를 고대한다. (travel)

→ I _____ to China.

ⓒ to부정사와 동명사를 목적어로 취하는 동사

1 to부정사만 목적어로 취하는 동사: want, hope, expect, plan, decide, promise 등

I *want* **to get** the singer's autograph.

2 동명사만 목적어로 취하는 동사: enjoy, finish, mind, keep, quit, avoid, suggest 등

Would you *mind* **closing** the door?

3 to부정사와 동명사를 모두 목적어로 취하는 동사

• 의미 차이가 없는 경우: like, love, hate, begin, start, continue 등

I *like* **reading** detective stories.   I *like* **to read** detective stories.

• 의미 차이가 있는 경우

remember[forget] v-ing: ~했던 것을 기억하다[잊다]

remember[forget] to-v: ~할 것을 기억하다[잊다]

try v-ing: (시험 삼아) ~해 보다

try to-v: ~하려고 노력하다

Do you *remember* **meeting** my brother?

Remember **to return** this book in a week.

He *tried* **cooking** traditional Korean food.

He *tried* **to think** of a better idea.

➕

• stop v-ing: ~하는 것을 멈추다

He *stopped* **asking** for directions.

• stop to-v: ~하기 위해 멈추다 (to부정사의 부사적 용법)

He *stopped* **to ask** for directions.

Check-up   밑줄 친 부분을 어법에 맞게 고치시오.

1 Jake wants <u>buy</u> an electric guitar this weekend.

2 You should avoid <u>talk</u> about others' mistakes.

3 It began <u>snow</u> the day before yesterday.

4 Don't forget <u>send</u> an email to me this evening.

Words

compose 작곡하다   develop 개발하다   autograph (유명인의) 사인   detective 탐정의   directions 길 안내
electric 전기의   the day before yesterday 그저께

[01-04] 빈칸에 알맞은 것을 고르시오.

01

| It is the fastest way _____ there. |

① gets   ② got
③ getting   ④ to get
⑤ having gotten

02

| It was very foolish of you _____ Cathy. |

① trust   ② trusted
③ to trusting   ④ to trust
⑤ having trusted

03

| I didn't expect _____ James in the Greek restaurant. |

① see   ② saw
③ seeing   ④ to see
⑤ for seeing

⭐ 자주 나와요
04

| Mr. Jones made me _____ on the stage. |

① sing   ② sang
③ singing   ④ to sing
⑤ to singing

[05-06] 밑줄 친 부분의 쓰임이 다른 하나를 고르시오.

05

① She is a great partner to work with.
② Kate has something to give you.
③ I have enough time to talk with you.
④ He must be wise to behave like that.
⑤ I need someone to help me with my homework.

06

① My sister hopes to go on a date with Alex.
② His goal is to master Japanese in three years.
③ I decided to work in Mexico for a year.
④ New technology made it possible to predict the weather.
⑤ The art museum isn't hard to find.

[07-08] 빈칸에 알맞지 않은 것을 고르시오.

07

| He _____ me to eat more fruits and vegetables. |

① let   ② told
③ asked   ④ advised
⑤ expected

08

| I _____ the students move their chairs. |

① saw   ② had
③ helped   ④ noticed
⑤ wanted

09 밑줄 친 부분과 의미가 같은 것은?

> You are to return these books in two weeks. If you don't, you can't borrow any more books.

① can　　　　　② may
③ will　　　　　④ must
⑤ won't

💬 서술형

[10-11] 우리말과 일치하도록 ( ) 안의 단어를 이용하여 문장을 완성하시오.

10

> Jill은 그 남자를 슈퍼마켓에서 만났던 것을 기억한다. (remember, meet)
> → Jill _____ the man in the supermarket.

11

> 우리는 앉을 의자들이 더 필요하다. (chairs, sit)
> → We need more _____.

12 어법상 올바른 것은?
① He was ashamed of to be poor.
② It is worth to watch this documentary.
③ My favorite pastime is reading comic books.
④ The doctor suggested eating not late at night.
⑤ It's no use blame other people.

13 다음 빈칸에 들어갈 말이 나머지와 다른 것은?
① It was rude _____ her to keep you waiting.
② It was hard _____ me to finish the marathon.
③ It was easy _____ her to learn Latin dance.
④ It is necessary _____ me to buy a new black suit.
⑤ It is impossible _____ him to hand in the report by tomorrow.

💬 서술형

[14-15] ( ) 안의 단어를 이용하여 빈칸에 알맞은 말을 쓰시오.

14

> I think you'd better quit _____ junk food. (eat)

15

> My parents allowed me _____ a new jacket. (buy)

⚠ 어려워요

[16-17] 밑줄 친 부분이 어법상 어색한 것을 고르시오.

16
① Cleaning the whole house is very hard work.
② My father promised coming home early today.
③ I was worried about his being away from home.
④ Do you mind helping me find my cell phone?
⑤ Sejin is looking forward to watching the musical.

17

① Ben seems <u>to be</u> very careless.

② I went to the hospital, only <u>to find</u> it closed.

③ I heard him <u>to practice</u> the flute for the contest.

④ Emily is brave enough <u>to do</u> the right thing.

⑤ Be careful <u>not to spill</u> the coffee.

💬 서술형

[18-19] 어법상 어색한 부분을 찾아 바르게 고치시오.

18

> I don't know how using the copy machine.

_____ → _____

19

> I'm worried about he being sick.

_____ → _____

[20-22] 우리말과 일치하도록 할 때 빈칸에 알맞은 것을 고르시오.

20

> 그 여자는 가방을 훔쳤던 것을 후회한다.
> → The woman regrets _____ the bag.

① steal　　　　② stole

③ to steal　　　④ being stolen

⑤ having stolen

⭐ 자주 나와요

21

> Sarah는 혼자 여행하는 것에 익숙하다.
> → Sarah is used to _____ alone.

① travel　　　　② traveled

③ traveling　　　④ being traveled

⑤ having traveled

22

> 나는 작년에 한 달 동안 스페인어를 배워보았다.
> → I tried _____ Spanish for a month last year.

① learn　　　　② learned

③ learning　　　④ to learning

⑤ having learned

⭐ 자주 나와요

23 보기의 밑줄 친 부분과 쓰임이 같은 것은?

> 보기　I'm very pleased <u>to hear</u> that he passed his driving test.

① His current job is <u>to sell</u> used cars.

② We are waiting for someone <u>to fix</u> our TV.

③ Ann was never <u>to see</u> her father again.

④ We are planning <u>to build</u> a concert hall here.

⑤ I was surprised <u>to get</u> a Christmas card from Dan.

💬 서술형

[24-25] 두 문장이 같은 뜻이 되도록 to부정사를 이용하여 빈칸에 알맞은 말을 쓰시오.

24

> Claire was so tired that she couldn't go shopping.
> → Claire was _____.

⚠ 어려워요

25

> It seems that David is sick.
> → David _____.

A

우리말과 일치하도록 주어진 단어를 바르게 배열하시오.

1 네가 그녀를 용서한 것은 친절했다.
(forgive, kind, her, was, of, it, to, you)
→ _____

2 나는 너에게 보여줄 사진이 몇 장 있다.
(to, some pictures, I, you, show, have)
→ _____

3 그는 해변에 누워있는 것이 마음을 느긋하게 해준다는 것을 알았다.
(relaxing, on the beach, to, he, lie, it, found)
→ _____

B

우리말과 일치하도록 ( ) 안의 표현을 이용하여 문장을 완성하시오.

1 Sam은 그 제안을 받아들이지 않기로 결정했다.
(accept)
→ Sam decided _____ the proposal.

2 그녀의 아버지는 그녀가 똑똑한 것이 자랑스럽다. (smart)
→ Her father is proud of _____.

3 그녀는 영화를 보면서 그녀의 여가 시간을 보낸다.
(free time, watch movies)
→ She spends _____.

C

다음 대화의 ⓐ~ⓓ 중 어법상 어색한 것을 모두 골라 바르게 고치시오.

> Jay: I heard you're very good at ⓐ to bake bread. Would you let me ⓑ know your secret?
>
> Ann: Well, I think it is important to enjoy ⓒ make bread for your family and friends. And I try ⓓ to use only fresh ingredients.
>
> Jay: That's why your bread is so good.

D

그림을 보고, 보기의 표현을 한 번씩 모두 이용하여 남자아이가 할 말을 완성하시오.

보기	eat	the volume
	turn down	doughnuts

1 Would you mind _____?
2 Do you want _____?

⭐ 자주 나와요

E

두 문장이 같은 뜻이 되도록 빈칸에 알맞은 말을 쓰시오.

1 George is too weak to run in the race.
→ George _____.

2 She is talented enough to become a star.
→ She _____.

3 It seems that Jack had a car accident yesterday.
→ Jack _____.

4 Please remember that you should turn off the air conditioner when you go out.
→ Please remember _____ when you go out.

바르게 쓰인 문장에는 **O**, 어색한 문장에는 **X**를 표시한 후,
어색한 부분을 바르게 고치시오.

접어서 풀어보세요.

to부정사의 형용사적 용법

1 Do you need someone to talk?　　　　　(　)

_____ → _____

▸ Do you need someone to talk with[to]?
to부정사의 수식을 받는 명사가 to부정사 뒤에 이어지는 전치사의 목적어인
경우에는 전치사를 반드시 써야 한다.

to부정사의 의미상 주어

2 It was very careless for him to get on the (　)
wrong bus.

_____ → _____

▸ It was very careless of him to get on the wrong
bus.
사람의 성격·태도 등 주관적 평가를 나타내는 형용사 뒤에서는 to부정사의
의미상 주어를 「of+목적격」으로 쓴다.

목적격보어로 쓰이는 부정사

3 My teacher advised me joining a sports (　)
team.

_____ → _____

▸ My teacher advised me to join a sports team.
advise는 목적격보어로 to부정사를 취한다.

목적격보어로 쓰이는 부정사

4 My parents let me to have a pet.　　　(　)

_____ → _____

▸ My parents let me have a pet.
사역동사는 목적격보어로 원형부정사를 취한다.

to부정사를 이용한 구문

5 Chris is so young to understand this story. (　)

_____ → _____

▸ Chris is too young to understand this story.
too ~ to-v: 너무 ~해서 …할 수 없다

동명사의 기본 용법

6 I'm afraid of be lost in the woods.　　(　)

_____ → _____

▸ I'm afraid of being lost in the woods.
전치사의 목적어로 동명사를 쓴다.

동명사의 기본 용법

7 We couldn't help to cry while saying (　)
goodbye.

_____ → _____

▸ We couldn't help crying while saying goodbye.
cannot help v-ing: ~하지 않을 수 없다

to부정사와 동명사를 목적어로 취하는 동사

8 She hates driving on the crowded road. (　)

_____ → _____

▸ She hates driving[to drive] on the crowded
road.
hate는 목적어로 동명사와 to부정사를 모두 취한다.

Chapter

3

분사

UNIT 1 분사와 분사구문
UNIT 2 여러 가지 분사구문

🏅 UNIT 1 분사와 분사구문

ⓐ 분사

분사는 v-ing/v-ed의 형태로 형용사처럼 명사를 수식하거나 주어, 목적어를 보충 설명하는 보어로 쓰인다.

1 현재분사와 과거분사

- 현재분사(v-ing): ~하는(능동), ~하고 있는(진행)

Amanda was **writing** in her diary.

- 과거분사(v-ed): ~된(수동), ~해 있는(완료)

The book was **written** in 2000.

2 분사의 역할

- 명사 수식: 명사의 앞이나 뒤에서 수식한다.

The man gave the **crying** *child* some candy.

The police found my **lost** *dog*.

Cindy is talking with *a boy* **wearing** glasses[1].

He married *a woman* **named** Kate[2].

- 보어 역할: 주어나 목적어를 보충 설명한다.

My sister is **learning** Chinese. 주격보어

He sat **surrounded** by his friends. 주격보어

I saw *a dog* **running** down the street. 목적격보어

We found *the mountain* **covered** with snow. 목적격보어

3 감정을 나타내는 분사[3]

'~한 감정을 일으키는'이라는 능동의 뜻일 때는 현재분사, '~한 감정을 느끼게 되는'이라는 수동의 뜻일 때는 과거분사를 쓴다.

Traveling to Italy was an **exciting** experience.

Mike was **bored** by the long lecture.

Check-up 밑줄 친 부분을 어법에 맞게 고치시오.

1 My father is <u>make</u> a model plane for me.

2 The book <u>lie</u> on the table is Tom's.

3 I bought a car <u>make</u> in Germany.

4 Nicole was <u>satisfying</u> with her test score.

Words

surround 둘러싸다   lecture 강의   record 녹음하다   model plane 모형 비행기   lie 놓여 있다   Germany 독일

Grammar Tips

1-2 분사가 구를 이루어 길어질 때는 명사를 뒤에서 수식한다.

3 • exciting(흥분시키는) excited(흥분된)
• boring(지루하게 하는) bored(지루해하는)
• satisfying(만족시키는) satisfied(만족스러운)
• interesting(흥미로운) interested(흥미를 느낀)
• shocking(충격을 주는) shocked(충격 받은)
• surprising(놀라운) surprised(놀란)

➕ 진행형, 완료형, 수동태에 쓰인 분사
• 진행형(be동사+v-ing)
The woman is **swimming** like a dolphin.
• 완료형(have/has/had v-ed)
I have **seen** the movie a few times.
• 수동태(be동사+v-ed)
The interview was **recorded** by him.

B 분사구문

분사구문은 「접속사+주어+동사 ~」의 부사절을 분사를 이용하여 간결하게 나타낸 것이다.

Grammar Tips

⁴ 분사구문의 부정은 분사
앞에 not 또는 never를 쓴다.

1 분사구문 만들기

① 접속사를 생략한다.

② 부사절의 주어가 주절의 주어와 같을 경우 생략한다.

③ 부사절의 동사를 v-ing 형태로 바꾼다.

~~As I~~ got better, I could participate in the final game.

→ **Getting** better, I could participate in the final game.

2 분사구문의 의미

• 동시동작(~하면서), 연속동작(~하고 나서)

She went away, **waving** her hand.

(← She went away as she waved her hand.)

The KTX leaves at 7:30, **arriving** in Busan at 9:30.

(← The KTX leaves at 7:30, and it arrives in Busan at 9:30.)

• 시간(~할 때, ~하는 동안)

Walking back home, she met her friend Lisa.

(← When she walked back home, she met her friend Lisa.)

• 이유(~때문에)

Not having enough money⁴, I can't travel to Europe.

(← As I don't have enough money, I can't travel to Europe.)

• 조건(~하면)

Turning to the right, you will find the building.

(← If you turn to the right, you will find the building.)

Check-up 두 문장이 같은 뜻이 되도록 ( ) 안의 단어를 이용하여 빈칸에 알맞은 말을 쓰시오.

1 _____ a policeman, he ran away. (see)

→ When _____ _____ a policeman, he ran away.

2 _____ every day, you can play the piano well. (practice)

→ If _____ _____ every day, you can play the piano well.

3 _____ _____ the exam, she was depressed. (pass)

→ Because _____ _____ _____ the exam, she was depressed.

4 They walked in the park, _____ to each other. (talk)

→ They walked in the park as _____ _____ to each other.

Words

participate in ~에 참가하다   wave (손 등을) 흔들다   run away 도망가다   depressed 우울한

UNIT 2 여러 가지 분사구문

A 완료 분사구문

완료 분사구문은 having v-ed의 형태로 부사절의 시제가 주절보다 앞선 경우에 쓴다.

Having finished the report yesterday, I am free now.
(← As I finished the report yesterday, I am free now.)
Having lost my wallet, I borrowed some money from Jim.
(← Because I had lost my wallet, I borrowed some money from Jim.)

Check-up 다음 문장을 분사구문으로 바꿔 쓰시오.

1 After I had had a big fight with Brian, I decided not to marry him.
   → _____, I decided not to marry him.

2 As I drove all day long, I am very tired.
   → _____, I am very tired.

3 Because I watched the movie a few weeks ago, I remember the last scene.
   → _____, I remember the last scene.

B being/having been의 생략

분사구문에 쓰인 being 또는 having been은 생략할 수 있다.

(Being) **Angry at** my words, he made no reply.
(← As he was angry at my words, he made no reply.)
(Being) **Stuck** in traffic[1], she couldn't attend the meeting.
(← Because she was stuck in traffic, she couldn't attend the meeting.)

(Having been) **Written** in haste[2], the book has several mistakes.
(← Because the book was written in haste, it has several mistakes.)
(Having been) **Injured** in the last game[3], he will not practice this afternoon.
(← Since he was injured in the last game, he will not practice this afternoon.)

Check-up 밑줄 친 부분에 유의하여 문장을 해석하시오.

1 Seen from the plane, the island looked beautiful.

2 Ill and tired, the girl couldn't concentrate on her studies.

3 Built 50 years ago, the building needs lots of repairs.

Grammar Tips

[1-3] 수동 분사구문:
being[having been] v-ed

Words
free 한가한   wallet 지갑   have a big fight 크게 싸우다   reply 응답   be stuck in traffic 교통 체증에 걸리다
in haste 성급하게   concentrate on ~에 집중하다   repair 수리

C 접속사, 주어가 있는 분사구문

1 접속사가 있는 분사구문: 분사구문의 뜻을 명확히 하기 위해 분사 앞에 접속사를 쓰기도 한다.
When running after the thief, he sprained his ankle.
After having finished the job, we could eat out for dinner.

2 주어가 있는 분사구문: 분사구문의 의미상 주어가 주절의 주어와 다를 때 분사 앞에 주어를 쓴다.
It being sunny, he went out for a walk.
There being nothing else to do, we went to the movies.

Check-up   우리말과 일치하도록 문장을 완성하시오.

1 요리를 할 때, 그는 항상 휘파람을 분다.
→ _____ _____, he always whistles.

2 버스편이 없어서, 우리는 그곳에 걸어가야 했다.
→ _____ _____ no bus service, we had to walk there.

D 숙어처럼 쓰이는 분사구문

generally speaking: 일반적으로 말하면	frankly speaking: 솔직히 말하면
judging from: ~으로 판단하건대	strictly speaking: 엄밀히 말하면
considering (that): ~을 감안하면	speaking of: ~에 대해 말하자면

Judging from her expression, Jane is not happy.
Frankly speaking, the ending of the movie was disappointing.

Check-up   다음 문장을 해석하시오.

1 Strictly speaking, today is not hot but humid.

2 Speaking of David, his Chinese is very good.

E with+명사+분사   ~가 …한 채로[4]

She stood on the beach **with her hair waving in the wind**.
He was sitting there **with his legs crossed**.

Check-up   ( ) 안에 주어진 단어를 바르게 배열하시오.

1 She sat on the chair _____. (her arms, with, folded)

2 I was running _____. (my dog, me, following, with)

3 He was standing _____. (his hands, in, with, his pockets)

Grammar Tips

[4] 「with+명사+형용사/부사/전치사구」도 비슷한 뜻으로 쓰일 수 있다.
- She stared at me **with her eyes open**.
- He stood there **with his back against the wall**.

Words

run after ~을 쫓아가다   sprain one's ankle 발목을 삐다   whistle 휘파람을 불다   stare at ~을 응시하다
back 등, 허리   against ~에 기대어   wave (바람 등에) 흔들리다   cross 서로 겹치게 놓다   fold (두 팔·손 등을) 끼다

[01-04] 빈칸에 알맞은 것을 고르시오.

01

> I was _____ to hear that the actor had died in a car accident.

① shock
② shocked
③ shocking
④ to shock
⑤ to shocking

02

> We found two black kittens _____ on the sofa.

① lie
② lay
③ lying
④ to lie
⑤ having lay

03

> Dave was working with the air conditioner _____ off.

① turn
② turned
③ turning
④ to turn
⑤ having been turning

04

> _____ a terrible stomachache, Jean went to see a doctor.

① Have
② Had
③ Having
④ To have
⑤ Being had

[05-06] 밑줄 친 부분이 어법상 어색한 것을 고르시오.

05

① Roy is watering flowers in his garden.
② This is an essay written by my close friend.
③ Peter touched the breaking glass and got hurt.
④ The boy wearing the brown jacket is my nephew.
⑤ You'll be satisfied with our service.

06

① Interesting in sports, he joined our club.
② Having eaten a big lunch, I'm not hungry now.
③ Looking up, you can see a lot of stars.
④ Drinking a cup of tea, she looked out the window.
⑤ After having walked for a while, we drank some water.

🗨 서술형

[07-09] ( ) 안의 단어를 이용하여 빈칸에 알맞은 말을 쓰시오.

⭐ 자주 나와요

07

> A: How do you feel about your new job?
> B: I think it is _____. (bore)

08

> A: What did you buy your sister for her birthday?
> B: I bought her a watch _____ in Japan. (make)

09

> She seemed _____ when I asked her for her phone number. (surprise)

10 우리말을 영어로 바르게 옮긴 것은?

그 방이 더워서, 나는 재킷을 벗었다.

① Being hot in the room, I took off my jacket.
② Been hot in the room, I took off my jacket.
③ It being hot in the room, I took off my jacket.
④ It been hot in the room, I took off my jacket.
⑤ Having been hot in the room, I took off my jacket.

[11-12] 두 문장이 같은 뜻이 되도록 빈칸에 알맞은 것을 고르시오.

11

Because they didn't have a car, they went to the theater by subway.
→ _____ a car, they went to the theater by subway.

① Not have
② Not having
③ Don't having
④ Having not
⑤ Not having had

12

Since she was asked to keep quiet, she isn't talking now.
→ _____ to keep quiet, she isn't talking now.

① Ask
② Asking
③ Being asked
④ Having asked
⑤ Having been asked

13 어법상 올바른 것은?

① After eaten some chocolate, I felt happier.
② Ben stood in front of the gate, smiled at me.
③ Played computer games, I talked on the phone.
④ Being under 12, you can't watch the movie.
⑤ Being nothing to eat at home, we decided to eat out.

[14-15] 밑줄 친 부분의 쓰임이 다른 하나를 고르시오.

⚠ 어려워요

14

① The dog barking loudly is mine.
② His two brothers are working in France.
③ Suji is baking cookies for her mother.
④ My job is teaching English.
⑤ Would you recommend an exciting novel?

15

① Being a responsible person is not easy.
② Being older, she is wiser than you.
③ Being exhausted, he soon fell asleep.
④ Being angry, he yelled at me.
⑤ Being away from my parents, I miss them.

🌐 서술형
[16-17] 어법상 어색한 부분을 찾아 바르게 고치시오.

16

The whole audience stood up, shout "Encore!"

_____ → _____

⚠ 어려워요
17

Treating in the hospital yesterday, I feel better now.

_____ → _____

★ 자주 나와요

18

> 그녀는 얼굴에 눈물이 흐르는 채로 내게 손을 흔들었다.
> → She waved at me with tears _____ down her face.

① run
② ran
③ running
④ to run
⑤ having run

19

> 네 얼굴 표정으로 판단하건대, 너는 이미 답을 알고 있구나.
> → _____ from the look on your face, you already know the answer.

① Judge
② Judged
③ Judging
④ Judges
⑤ Having Judged

20 빈칸에 공통으로 알맞은 것은?

> • I slept _____ the door closed.
> • Mary went outside _____ her children following her.

① of
② on
③ by
④ with
⑤ at

💬 서술형 ★ 자주 나와요

[21-23] 다음 문장을 분사구문으로 바꿔 쓰시오.

21

> When I got on the bus, I dropped my cell phone.
> → _____, I dropped my cell phone.

22

> As I did terribly on the history test this morning, I'm in a bad mood now.
> → _____ this morning, I'm in a bad mood now.

23

> As there were many people, I had to wait.
> → _____, I had to wait.

24 빈칸에 알맞은 말이 바르게 짝지어진 것은?

> • _____ he started learning Korean a year ago, his accent is very good.
> • _____ a stamp on the letter, I dropped it into the mailbox.

① Consider – Putting
② Considering – Putting
③ Considering – Put
④ Considered – Put
⑤ Considered – Putting

⚠ 어려워요

25 밑줄 친 부분을 「접속사+주어+동사」로 잘못 바꾼 것은?

① Told to exercise regularly, I went to the gym.
　→ After I had been told to exercise regularly
② Playing soccer, Brian hurt his right knee.
　→ While Brian was playing soccer
③ Having studied hard, she got a good grade.
　→ As she has studied hard
④ Living near Lily, I often hang out with her.
　→ Because I live near Lily
⑤ Going upstairs, you will find men's clothing.
　→ If you go upstairs

A

우리말과 일치하도록 주어진 단어를 바르게 배열하시오.

1 나는 쇼핑몰에서 내 이름이 불리는 것을 들었다.
(my name, heard, in the mall, called, I)
→ _____

2 우리 집을 청소하는 것을 끝마친 후에 우리는 TV를 봤다.
(cleaning, our house, watched, having, we, finished, TV)
→ _____

3 일로 지쳐서 그는 소파에서 낮잠을 잤다.
(on the sofa, from work, took a nap, being, he, tired)
→ _____

B

우리말과 일치하도록 ( ) 안의 단어와 분사를 이용하여 문장을 완성하시오.

1 추워서 나는 두꺼운 코트를 입었다. (cold)
→ _____, I wore a thick coat.

2 솔직히 말해서, 그는 내 타입이 아니다. (frank)
→ _____, he is not my type.

3 펜을 가지고 있지 않아서 나는 친구에게 하나를 빌렸다. (have)
→ _____, I borrowed one from a friend.

C

( ) 안의 단어를 이용하여 빈칸에 알맞은 분사를 쓰시오.

Yesterday, I went to see a soccer game. Since my favorite team was ⓐ _____ (lose) 1-0, I was very ⓑ _____ (disappoint). But surprisingly, our team scored two points just before the end of the game. I had never seen such an ⓒ _____ (excite) game.

D

그림을 보고 ( ) 안의 단어와 분사를 이용하여 문장을 완성하시오.

1 Sora likes to walk on the _____ leaves. (fall)

2 The girl _____ with Jake is my classmate. (dance)

E

다음 글의 밑줄 친 ⓐ~ⓒ 중 어법상 어색한 것 2개를 골라 바르게 고치시오.

Mom: Eric, did you sleep with the light in your room ⓐ turning on last night?

Eric: Yes, I did. I fell asleep ⓑ while written an essay. I tried to get it ⓒ finished.

Mom: Sleeping at your desk isn't good for your health.

Eric: Okay. I won't do it again, Mom.

_____ → _____
_____ → _____

바르게 쓰인 문장에는 **O**, 어색한 문장에는 **X**를 표시한 후, 어색한 부분을 바르게 고치시오.

접어서 풀어보세요.

문법 정리
OX

분사

1 Do you have a friend naming Anna? (   )

———————— → ————————

▶ Do you have a friend **named** Anna?
'이름 지어진'이라는 수동·완료의 의미가 되어야 하므로 과거분사를 쓴다.

분사

2 All the dishes in the restaurant were satisfied. (   )

———————— → ————————

▶ All the dishes in the restaurant were **satisfying**.
'~한 감정을 일으키는'이라는 능동의 뜻일 때는 현재분사를 쓴다.

분사구문

3 Knocking on the door, he called my name.(   )

———————— → ————————

▶ **Knocking** on the door, he called my name.
부사절과 주절의 주어와 시제가 같으면 접속사와 주어를 생략하고 동사를 v-ing 형태로 바꿔 분사구문을 만들 수 있다.

완료 분사구문

4 Finishing the work an hour ago, we're not busy. (   )

———————— → ————————

▶ **Having finished** the work an hour ago, we're not busy.
부사절의 시제가 주절보다 앞선 경우 완료 분사구문(having v-ed)을 쓴다.

being/having been의 생략

5 Embarrassed by her question, I couldn't say anything. (   )

———————— → ————————

▶ **(Being) Embarrassed** by her question, I couldn't say anything.
being 또는 having been은 생략할 수 있다.

주어가 있는 분사구문

6 Being no one in the house, the thief was able to steal things easily. (   )

———————— → ————————

▶ **There being** no one in the house, the thief was able to steal things easily.
분사구문의 의미상 주어가 주절의 주어와 다를 경우에는 분사 앞에 주어를 쓴다.

숙어처럼 쓰이는 분사구문

7 Strictly spoken, parking in this area is illegal. (   )

———————— → ————————

▶ **Strictly speaking**, parking in this area is illegal.
strictly speaking: 엄밀히 말하면

with+명사+분사

8 Max kept sleeping with his phone ring. (   )

———————— → ————————

▶ Max kept sleeping **with his phone ringing**.
「with+명사+분사」는 '~가 …한 채로'의 의미이다.

Chapter

4

수동태

UNIT 1 수동태의 의미와 형태
UNIT 2 여러 가지 수동태

🏅 UNIT 1 수동태의 의미와 형태

Ⓐ 수동태의 기본 개념

수동태는 「be동사+과거분사(v-ed)(+by+행위자)」의 형태로, 주어가 동작을 '하는' 것이 아니라 동작의 영향을 '받거나 당하는' 것을 나타낸다.

Many students **visit** the art museum. 능동태: 주어가 ~하다

The art museum **is visited** by many students. 수동태: 주어가 (…에 의해) ~당하다

Check-up   다음 문장을 수동태로 바꿔 쓰시오.

1 The war destroyed entire villages.

→ _____

2 Dangerous driving causes many accidents.

→ _____

3 The company employs only seven people.

→ _____

4 My classmates prepared the presentation.

→ _____

Ⓑ 「by+행위자」의 생략

행위자가 일반인이거나 불분명할 때, 또는 중요하지 않을 때 「by+행위자」를 생략한다.

Many people **were killed** in the war.
That old house **was built** several decades ago.
Jake and I **were invited** to Sandra's house.

Check-up   ( ) 안에 주어진 단어를 바르게 배열하고, 문장을 해석하시오.

1 _____ all around the world. (read, his novels, are)

2 _____ between twelve and one o'clock. (lunch, served, is)

3 _____ without notice. (was, the schedule, changed)

Words

destroy 파괴하다   entire 전체의   cause 유발하다   employ 고용하다   presentation 발표   decade 10년
serve (음식 등을) 내놓다, 제공하다   notice 예고, 알림

C 수동태의 여러 형태

1 부정문: be동사+not v-ed(+by+행위자)

The book **was not written** by Mary Johnson.

2 의문문: be동사+주어+v-ed(+by+행위자)?

Were the dogs **fed** by your parents?

3 미래시제: will be v-ed(+by+행위자)

Music **will be taught** by Mr. Cook.

4 진행시제: be동사+being v-ed(+by+행위자)

The wall **was** still **being painted** on that day.

5 완료시제: have/has/had been v-ed(+by+행위자)

The concert **has been delayed** due to the heavy snow.

6 조동사가 있는 수동태: 조동사+be v-ed(+by+행위자)

This package **should be delivered** by tomorrow.

Check-up 우리말과 일치하도록 ( ) 안의 표현을 이용하여 문장을 완성하시오.

1 그 방이 내 친구들에 의해 청소되고 있는 중이다. (clean)

→ The room _____.

2 이 수업은 많은 학생들에 의해 수강되어 왔다. (take, many students)

→ This class _____.

3 라틴어는 많은 사람들에 의해 말해지지 않는다. (speak, many people)

→ Latin _____.

4 2002년 월드컵이 한국과 일본에서 개최되었니? (the 2002 World Cup, hold)

→ _____ in Korea and Japan?

5 이 사건은 수년간 기억될 것이다. (will, remember)

→ This event _____ for many years.

6 그 슈퍼마켓은 다음 주 월요일에 문을 닫을지도 모른다. (might, close)

→ The supermarket _____ next Monday.

Words

feed 먹이를 주다   delay 연기하다, 미루다   due to ~때문에   Latin 라틴어   hold 개최하다   event (중요한) 사건

🏅 UNIT 2 여러 가지 수동태

Ⓐ 4형식 문장의 수동태

간접목적어(~에게)와 직접목적어(~을)를 갖는 수여동사의 경우, 각 목적어를 주어로 하여 두 가지 형태의 수동태가 가능하다. 직접목적어를 주어로 할 경우, 대부분의 수여동사는 간접목적어 앞에 to를 쓰지만, make, buy 등은 for를, ask는 of를 쓴다.

The police **gave** us some information.

→ We **were given** some information by the police.

→ Some information **was given** *to* us by the police.

Check-up   다음 문장을 수동태로 바꿔 쓰시오.

1 I sent her a text message.

→ A text message _____.

2 They bought Brenda a winter jacket.

→ A winter jacket _____.

3 My grandfather taught me table manners.

→ I _____.

Ⓑ 5형식 문장의 수동태

1 목적격보어가 그대로인 경우(대부분의 경우)

My friends call the cat Kitty. → The cat **is called** *Kitty* by my friends.

2 목적격보어가 바뀌는 경우

• 지각동사의 목적격보어가 동사원형인 경우, 수동태에서는 현재분사나 to부정사로 바뀐다.[1]

I saw him go into the house.

→ He **was seen going[to go]** into the house by me.

• 사역동사는 make만 수동태로 쓸 수 있으며, 목적격보어가 동사원형인 경우 수동태에서는 to부정사로 바뀐다.

She made us clean the kitchen.

→ We **were made to clean** the kitchen by her.

Check-up   밑줄 친 부분을 어법에 맞게 고치시오.

1 The table was painted to blue by Sara.

2 She was made enter the room by them.

3 People were seen walk in the park.

Words

information 정보   text message 문자 메시지   table manners 식사 예절   enter 들어가다

Grammar Tips

➕

make, buy 등의 동사는 직접목적어만 수동태의 주어가 될 수 있다.

Mom made me this dress.

→ **This dress** was made for me by Mom. (o)

→ I was made this dress by Mom. (x)

[1] 지각동사의 목적격보어가 분사인 경우에는 수동태에서도 똑같이 분사로 쓴다.

They heard her **singing** a song.

→ She was heard **singing** a song by them.

C 주의해야 할 수동태

1 동사구의 수동태

동사를 「be동사+v-ed」로 바꾸고, 동사구에 포함된 나머지 단어는 뒤에 그대로 쓴다.

The boy **was laughed at** by everyone. (← Everyone *laughed at* the boy.)
The girl **was brought up** by wolves.

2 수동태로 쓰지 않는 동사

자동사[2](happen, appear, disappear, remain ...)와 소유·상태를 나타내는
타동사(have(가지다), resemble, fit ...)는 수동태로 쓰지 않는다.

An accident **happened** yesterday. (An accident *was happened* yesterday. (x))
He **has** a lot of comic books. (A lot of comic books *are had by* him. (x))

Check-up 우리말과 일치하도록 ( ) 안의 표현을 이용하여 문장을 완성하시오.

1 내 계획들은 계속해서 연기되었다. (my plans, put off)
→ _____ again and again.

2 택시가 모퉁이에 나타났다. (a taxi, appear)
→ _____ around the corner.

3 Kaylee는 그녀의 아버지를 닮았다. (resemble, her father)
→ _____

4 그 남자는 자동차에 치였다. (the man, run over)
→ _____ by a car.

Grammar Tips

➕

여러 가지 동사구
laugh at: ~을 비웃다
take care of: ~을 돌보다
put off: ~을 미루다
run over: (차가) ~을 치다
look after: ~을 돌보다

[2] 자동사는 목적어를 취하지
않는 동사이므로 수동태로 쓸
수 없다.

➕

목적어가 that절인 문장의
수동태:
「It+be동사+v-ed+that ~」
의 형태로 쓰며, that절의
주어를 수동태 문장의 주어로
쓸 때 that절의 동사는
to부정사로 바뀐다.
People say that he is a
genius.
→ **It is said that** he is a
genius.
→ **He is said to be** a
genius.

D by 이외의 전치사를 쓰는 수동태

be known to: ~에게 알려지다	be known for: ~로 유명하다
be known as: ~(특정 명칭 등)으로 알려지다	be satisfied with: ~에 만족하다
be surprised at: ~에 놀라다	be covered with: ~로 덮여 있다
be pleased with: ~로 기뻐하다	be crowded with: ~로 붐비다
be made of[from]: ~로 만들어지다[3]	be composed of: ~로 구성되다
be filled with: ~로 가득 차다(= be full of)	be disappointed with: ~에 실망하다

This brand **is known for** its high quality clothes.
The hall **was filled with** his fans.

Check-up ( ) 안에서 알맞은 전치사를 고르고, 문장을 해석하시오.

1 I am satisfied (at, to, with) the result.

2 Our team is composed (of, for, as) 10 members.

[3] • be made of: 만든
재료를 겉보기에 쉽게 알 수
있을 때
The table **is made of**
plastic.
• be made from: 만든
재료를 겉보기에 알기 힘들 때
Cheese **is made from**
milk.

Words
remain 남다, 여전히 ~이다   high quality 고품질의, 고급의   result 결과

[01-05] 빈칸에 알맞은 것을 고르시오.

01

A meeting _____ by Mr. Smith every month.

① holds
② held
③ holding
④ is held
⑤ being held

02

The project must _____ by next week.

① finish
② is finished
③ be finished
④ be to finish
⑤ being finished

03

This Korean restaurant is always crowded _____ tourists.

① in
② with
③ at
④ to
⑤ from

⭐ 자주 나와요
04

A blue sweater was made _____ me by my sister.

① to
② of
③ for
④ at
⑤ from

⭐ 자주 나와요
05

Jim was heard _____ a French song.

① sing
② sings
③ be sung
④ singing
⑤ to be sung

💬 서술형
[06-08] 다음 문장을 수동태로 바꿔 쓰시오.

06

Kelly has planted some flowers in the garden.
→ Some flowers _____ in the garden by Kelly.

07

Our teacher made us write a long essay.
→ We were made _____ by our teacher.

08

My mother turned off the washing machine.
→ The washing machine _____ by my mother.

[09-10] 빈칸에 알맞은 말이 바르게 짝지어진 것을 고르시오.

09

• Psychology will be taught _____ them by the professor.
• A pair of sneakers were bought _____ Cindy by me.

① to - of
② to - to
③ to - for
④ for - to
⑤ for - of

10

- I was surprised _____ what he said to me.
- The baseball club is composed _____ about 20 members.

① to – at   ② to – for
③ at – from   ④ for – of
⑤ at – of

[11-13] 빈칸에 공통으로 알맞은 것을 고르시오.

11

- Amy was seen _____ enter the house by Mrs. Brown.
- Ben is said _____ be very generous.

① in   ② of
③ to   ④ for
⑤ with

12

- An e-mail was sent _____ you by Carl.
- The children were made _____ brush their teeth.

① in   ② of
③ to   ④ for
⑤ with

⭐ 자주 나와요
13

- The bucket was filled _____ water and sand.
- The bookshelf was covered _____ dust.

① in   ② of
③ to   ④ for
⑤ with

[14-15] 어법상 어색한 것을 고르시오.

14

① I was kept warm by this blanket.
② It is believed that he is a liar.
③ My bicycle is being repaired by her.
④ A man was appeared out of the fog.
⑤ The puppies are looked after by my cousin.

⚠ 어려워요
15

① Train tickets can be booked online.
② Yuna was seen walking down the street.
③ My uncle was bought a red necktie by me.
④ We were disappointed with her new movie.
⑤ Jean was told to get up early by her father.

16 밑줄 친 부분이 어법상 어색한 것은?
① Tofu is made from soy beans.
② I'm satisfied for my current job.
③ Henley was pleased with his friends' presents.
④ *Bibimbap* is known as Korea's most famous dish.
⑤ The restaurant is known to foreign tourists because it is in many guidebooks.

💬 서술형
[17-19] ( ) 안의 단어를 이용하여 빈칸에 알맞은 말을 쓰시오.

17

The actor is said _____ over 40 years old. (be)

18

The girl was heard _____ by a neighbor. (cry)

19

A funny thing _____ in school yesterday. (happen)

[20-22] 우리말을 영어로 바르게 옮긴 것을 고르시오.

20

Paul은 내게 노란 스카프를 사주었다.

① I was bought a yellow scarf by Paul.
② I was to be bought a yellow scarf by Paul.
③ A yellow scarf was bought for me by Paul.
④ A yellow scarf was bought to me by Paul.
⑤ A yellow scarf was to be bought for me by Paul.

21

그 초콜릿은 벨기에서 만들어졌니?

① Did the chocolate made in Belgium?
② Does the chocolate be made in Belgium?
③ Was the chocolate made in Belgium?
④ Was the chocolate making in Belgium?
⑤ Was the chocolate to be made in Belgium?

22

그 숲은 사람들에 의해 파괴되고 있다.

① The forest is be destroyed by people.
② The forest is been destroy by people.
③ The forest is to be destroyed by people.
④ The forest is being destroyed by people.
⑤ The forest is being to be destroyed by people.

⚠ 어려워요

23 어법상 올바른 것은?

① The marathon has canceled.
② I will be remained single all my life.
③ She was named Judy when she was born.
④ The portrait wasn't draw by an artist.
⑤ These magazines must been returned as soon as possible.

💬 서술형

[24-25] 어법상 어색한 부분을 찾아 바르게 고치시오.

24

Your order will being delivered within two days.

_____ → _____

⚠ 어려워요

25

The flood victims are being taken care in a temporary shelter.

_____ → _____

48

A

우리말과 일치하도록 주어진 단어를 바르게 배열하시오.

1 그 야외 콘서트는 폭풍 때문에 연기되었니?
   (put off, the outdoor concert, was)
   → _____ because of a
   storm?

2 그녀는 우리에 의해 한 남자와 이야기하고 있는 것이
   목격되었다.
   (by, was, talking with, she, a man, us, seen)
   → _____

3 Steven은 몇몇 사람들에 의해 천재라고 불린다.
   (is, a genius, some people, called, Steven, by)
   → _____

B

우리말과 일치하도록 ( ) 안의 표현을 이용하여 문장을 완성
하시오.

1 나는 내 남자 친구에게서 반지를 받았다. (give, a ring)
   → _____ by my boyfriend.

2 이 벤치는 우리에 의해 칠해지지 않았다. (paint)
   → This bench _____.

3 그 작가는 전 세계에 알려져 있다. (writer, know)
   → _____ the whole world.

⚠ 어려워요
C

다음 대화의 밑줄 친 ⓐ~ⓒ를 수동태로 바꿔 쓰시오.

Ellen: Every winter, I suffer from colds. Do you
       know a way to prevent colds?
Adam: ⓐ You can prevent some colds by
       washing your hands often.
Ellen: Really?
Adam: Yes. ⓑ Many experiments have proven
       it. ⓒ People believe that taking vitamins
       prevents colds, but that's not true.

ⓐ → _____

ⓑ → _____

ⓒ → _____

D

그림을 보고, ( ) 안의 단어와 과거시제를 이용하여 문장을
완성하시오.

1 **2**

1 The trash can _____ a car. (hit)
2 We _____ the size of the
  snake. (surprise)

E

다음 대화를 읽고, 보기의 단어를 이용하여 ⓐ~ⓓ에 알맞은
말을 쓰시오. (보기의 단어는 한 번씩만 이용할 것)

Grace: Yesterday, I saw you and your boyfriend
       eating cake in the park.
Jenny: Yeah, he made the cake for my birthday.
       It was wonderful. He decorated it with
       chocolate syrup and strawberries.

보기	cover	see	make	eat	by

→ Yesterday, Jenny and her boyfriend
ⓐ _____ _____ _____ cake in
the park by Grace. The cake was ⓑ _____
_____ Jenny ⓒ _____ her boyfriend.
It ⓓ _____ _____ _____
chocolate syrup and strawberries.

바르게 쓰인 문장에는 **O**, 어색한 문장에는 **X**를 표시한 후, 어색한 부분을 바르게 고치시오.

접어서 풀어보세요.

수동태의 기본 개념

1 The first Olympic Games held in Athens. ( )

_____ → _____

▶ The first Olympic Games were held in Athens.
주어가 동작을 '하는' 것이 아니라 동작의 영향을 '받거나 당하는' 것은 수동태 (be동사+v-ed)로 나타낸다.

수동태의 여러 형태

2 Your promises must be kept. ( )

_____ → _____

▶ Your promises must be kept.
조동사가 있는 수동태는 「조동사+be v-ed(+by+행위자)」의 형태로 쓴다.

4형식 문장의 수동태

3 Some advice was given for Tim by the teacher. ( )

_____ → _____

▶ Some advice was given to Tim by the teacher.
수여동사의 직접목적어를 주어로 하는 수동태 문장을 만들 때, 대부분의 수여동사는 간접목적어 앞에 to를 쓴다.

4형식 문장의 수동태

4 A bunch of roses was bought to me by my aunt on my graduation day. ( )

_____ → _____

▶ A bunch of roses was bought for me by my aunt on my graduation day.
수여동사의 직접목적어를 주어로 하는 수동태 문장을 만들 때, buy는 간접목적어 앞에 for를 쓴다.

5형식 문장의 수동태

5 Betty was made wash the dishes by him. ( )

_____ → _____

▶ Betty was made to wash the dishes by him.
사역동사 make의 목적격보어가 동사원형인 경우, 수동태에서는 to부정사로 바뀐다.

주의해야 할 수동태

6 John was laughed at by his friends. ( )

_____ → _____

▶ John was laughed at by his friends.
동사구의 수동태는 동사를 「be동사+v-ed」로 바꾸고, 동사구에 포함된 나머지 단어는 뒤에 그대로 쓴다.

주의해야 할 수동태

7 The airplane was disappeared from my sight. ( )

_____ → _____

▶ The airplane disappeared from my sight.
자동사는 수동태로 쓸 수 없다.

by 이외의 전치사를 쓰는 수동태

8 The amusement park was filled to people. ( )

_____ → _____

▶ The amusement park was filled with people.
be filled with: ~로 가득 차다

Chapter

5

조동사

UNIT 1 조동사 1 – can, may, must / have to, should
UNIT 2 조동사 2 – had better / would rather, would / used to, 조동사+have v-ed

UNIT 1 조동사 1

조동사는 동사 앞에 쓰여 동사에 가능, 추측, 의무 등의 의미를 더해주며, 조동사 뒤에는 반드시 동사원형을 쓴다.

A can

1 능력 (~할 수 있다)

Justin **can** bake cookies by himself.
(→ Justin **is able to**[1] bake cookies by himself.)
Julia **could** play the violin when she was five years old. 과거의 능력
(→ Julia **was able to** play the violin when she was five years old.)
You **will be able to**[2] speak a foreign language. 미래의 능력

2 허가 · 요청 (~해도 된다, ~해 주시겠어요?)

You **can't[cannot]** take your pet on the subway.
Can[Could] you move these heavy boxes upstairs?

3 강한 부정적 추측 (~일 리가 없다)

I believe Mike. He **can't** tell a lie.

Check-up   밑줄 친 부분을 어법에 맞게 고치시오.

1 You can <u>stays</u> at my place until tomorrow.

2 The baby <u>will can</u> walk in a few months.

B may

1 추측 (~일지도 모른다)

He **may** be rich. He often wears expensive clothes.
It is still raining. We **might** have to postpone our picnic.[3]

2 허가 (~해도 된다)

May I look at some of your books?
You **may not** take photos during the performance.

Check-up   우리말과 일치하도록 (   ) 안의 표현과 **may**를 이용하여 문장을 완성하시오.

1 그는 회의에 늦을지도 모른다. (be late for)
→ He _____ the meeting.

2 당신은 장애인을 위한 주차 공간을 이용할 수 없습니다. (use)
→ You _____ the parking space for the disabled.

Words
foreign 외국의   take a photo 사진을 찍다   performance 공연   disabled 장애를 가진

Grammar Tips

[1] can이 능력의 의미로 사용될 때는 be able to로 바꿔 쓸 수 있다.

[2] 조동사는 두 개 이상 연달아 쓸 수 없으므로 will 다음에는 can이 아닌 be able to를 써야 한다.

[3] might는 may보다 불확실한 추측을 나타낸다.

52

C must / have to

1 must

• 강한 의무 (반드시 ~해야 한다) = have to

We **must** save money for the future.

People **must not[mustn't]** use bad words in front of children.[4]

• 강한 추측 (~임이 틀림없다)

His team lost the game. He **must** be disappointed.

2 have to: 강한 의무 (반드시 ~해야 한다) = must

I **have to** return these books by next Friday.

You **don't have to** turn in your report this afternoon.[5] have to의 부정형

Does he **have to** leave early tomorrow? have to의 의문형

Sally **had to** borrow some money yesterday. 과거의 강한 의무

They **will have to** change trains at the next stop. 미래의 강한 의무

Grammar Tips

4-5 must not vs. don't have to
• must not: ~해서는 안 된다
• don't have to: ~할 필요가 없다

Check-up ( ) 안에 주어진 단어를 바르게 배열하시오.

1 _____ in this building. (smoke, you, not, must)

2 Ron _____ the class. (have to, will, concentrate on)

D should

• 의무, 충고 (~해야 한다)[6]

You **should** bring your own lunch to the picnic.

We **should not[shouldn't]** throw trash in the street.

6 should는 must보다 강제성이 약한 의무나 충고 등을 나타낸다.

> *More Grammar* should의 특별 용법
>
> demand, suggest, insist 등 요구·제안·주장 등을 나타내는 동사 뒤에 오는 that절이 '~해야 한다'는 당위성을 나타낼 때 that절에 「(should)+동사원형」을 쓴다.
>
> John *suggested* that I (**should**) exercise regularly.
>
> They *insist* that animals (**should**) not be used in scientific experiments.

Check-up ( ) 안에서 알맞은 것을 고르시오.

1 I suggested that Sujin (eat, eats) breakfast every morning.

2 We (should, should not) spend our weekend just watching TV. Let's go out.

3 There's no textbook, so you (should, should not) take notes during the lecture.

Words

stop 정거장   demand 요구하다   suggest 제안하다   insist 주장하다   scientific 과학의   experiment 실험
textbook 교과서, 교재   take notes 필기하다

🏅 UNIT 2 조동사 2

Ⓐ had better / would rather

1 had better (~하는 게 낫다)

You **had better** go there by taxi.[1]

You **had better not** lose any more weight.   had better의 부정형

2 would rather (차라리 ~하는 게 낫다)

We **would rather** go outside.[2]

I **would rather not** drive in the rain.   would rather의 부정형

Check-up   우리말과 일치하도록 주어진 단어를 바르게 배열하시오.

1 당신은 누군가에게 길을 물어보는 게 좋을 거예요.

→ _____ someone for directions. (better, you, ask, had)

2 너는 어떤 사람에게도 그 비밀을 밝히지 않는 게 좋을 거야.

→ _____ the secret to anyone. (better, reveal, had, you, not)

3 나는 내일보다는 차라리 오늘 떠나는 게 낫겠다.

→ _____ than tomorrow. (leave, I, today, rather, would)

Ⓑ would / used to

1 would (~하곤 했다)

When I worked on a farm, I **would** always get up early.   과거의 반복된 행동·습관

I **would** keep a diary in my elementary school days.

2 used to (~하곤 했다, ~이었다)

Every morning, he **used to** take a walk for an hour.   과거의 반복된 행동·습관

→ Every morning, he **would** take a walk for an hour.[3]

There **used to** be a big park near my grandparents' house.   과거의 상태

→ There *would* be a big park near my grandparents' house. (x)[4]

Check-up   우리말과 일치하도록 ( ) 안의 단어와 **would** 또는 **used to**를 이용하여 문장을 완성하시오.

1 우리 아버지는 일요일마다 나를 낚시에 데려가곤 하셨다. (take)

→ My father _____ me fishing every Sunday.

2 여기에 버스 정류장이 있었다. (be)

→ There _____ a bus station here.

Words

ask for directions 길을 묻다   reveal 밝히다, 폭로하다   keep a diary 일기를 쓰다

Grammar Tips

[1] had better의 축약형:
'd better
→ You'**d better** go there by taxi.

[2] would rather의 축약형:
'd rather
→ We'**d rather** go outside.

➕
would rather A than B
: B하느니 차라리 A하겠다
I **would rather** stay home **than** go out with him.

[3-4] used to가 과거의 반복된 행동·습관을 나타낼 때는 would로 바꿔 쓸 수 있지만, 과거의 상태를 나타낼 때는 would를 쓸 수 없다.

C 조동사+have v-ed

1 can't have v-ed: 과거의 일에 대한 강한 의심 (~했을 리가 없다)

Mandy is a considerate person. She **can't have said** that.

The team **can't have lost** their first game.

2 may have v-ed: 과거의 일에 대한 약한 추측 (~했을지도 모른다)

He **may have forgotten** our appointment.

Ms. Lee **may have noticed** us preparing the farewell party for her.

3 must have v-ed: 과거의 일에 대한 강한 추측 (~했음이 틀림없다)

The ground is wet. It **must have rained** during the night.

I **must have dropped** my wallet on my way to school.

4 should have v-ed: 과거의 일에 대한 후회·유감 (~했어야 했다(하지만 하지 않았다))

I **should have read** this book earlier.

You **shouldn't have come** late. The movie already started.

Check-up   우리말과 일치하도록 밑줄 친 부분을 어법에 맞게 고치시오.

1 나는 어제 그렇게 많이 먹지 말았어야 했어.

→ I <u>eat</u> so much yesterday.

2 Emily가 그런 일을 일부러 했을 리가 없다.

→ Emily <u>does</u> such a thing on purpose.

3 그가 자신의 나이에 대해 두세 살 거짓말을 했을지도 모른다.

→ He <u>lies</u> about his age by two or three years.

4 그녀가 Alex에 대한 소문을 들었음이 틀림없다.

→ She <u>hears</u> the rumor about Alex.

5 나는 그들의 생각을 좀 더 주의 깊게 들었어야 했다.

→ I <u>listen</u> to their ideas more carefully.

Words
considerate 사려 깊은   appointment 약속   notice 알아채다   farewell party 송별회
on one's way to ~로 가는 길에   on purpose 일부러, 고의로   rumor 소문

[01-03] 빈칸에 알맞은 것을 고르시오.

⭐ 자주 나와요
01

His eyes are almost closed. He _____ be very tired after his long flight.

① must
② would
③ can't
④ used to
⑤ had better

02

The streets are slippery with snow. It _____ be dangerous to drive.

① can't
② may
③ has to
④ is able to
⑤ would rather

03

Mary _____ take a walk after dinner. But she's too busy to do that now.

① might
② can't
③ used to
④ should not
⑤ had better

🗨 서술형
[04-05] 어법상 어색한 부분을 찾아 바르게 고치시오.

04

You had better telling Jim about the accident right now.

_____ → _____

⭐ 자주 나와요
05

I must wake up early yesterday because I had an appointment in the morning.

_____ → _____

[06-07] 우리말과 일치하도록 할 때 빈칸에 알맞은 것을 고르시오.

06

너는 너의 경력에 대한 그의 충고를 따랐어야 했다.
→ You _____ followed his advice about your career.

① have to
② may have
③ must have
④ can't have
⑤ should have

07

너는 네가 좋아하는 것 아무거나 골라도 좋다.
→ You _____ choose whatever you like.

① can
② will
③ must
④ should
⑤ are able to

[08-09] 빈칸에 공통으로 알맞은 것을 고르시오.

08

• I _____ rather not watch the action movie.
• I _____ eat cereal in the morning when I was younger.

① can
② may
③ must
④ would
⑤ used to

09

• You _____ better eat less meat if you want to get healthy.

• The man _____ to drive carefully on the crowded road.

① can   ② might

③ must   ④ had

⑤ would

10 빈칸에 알맞지 <u>않은</u> 것은?

You _____ not touch the old vase.

① may   ② should

③ must   ④ had better

⑤ are able to

★ 자주 나와요

11 밑줄 친 부분의 의미가 <u>다른</u> 하나는?

① Children <u>must</u> not swim in this river alone.

② He <u>must</u> be Tommy's twin brother.

③ You <u>must</u> hand in your homework by this Friday.

④ They <u>must</u> turn off their cell phones here.

⑤ People <u>must</u> not do anything that can harm others.

12 보기의 밑줄 친 부분과 의미가 같은 것은?

보기   She <u>may</u> enjoy reading this novel.

① No one <u>may</u> walk on the lawn in this park.

② You <u>may</u> eat this bread if you want.

③ <u>May</u> I pay for them with a credit card?

④ It <u>may</u> be very cold next weekend.

⑤ You <u>may</u> visit my office anytime tomorrow.

13 밑줄 친 부분과 바꿔 쓸 수 있는 것은?

John <u>could</u> read when he was four.

① may   ② should

③ must   ④ is able to

⑤ was able to

💬 서술형 ⚠ 어려워요

[14-16] 두 문장이 같은 뜻이 되도록 빈칸에 알맞은 말을 쓰시오.

14

I'm sure that the boy broke the window.

→ The boy _____ _____ _____ the window.

★ 자주 나와요

15

Mark often went camping with his family, but he doesn't anymore.

→ Mark _____ _____ _____ _____ with his family.

16

I'm sorry that you didn't invite Carl to the party.

→ You _____ _____ _____ Carl to the party.

[17-18] 어법상 <u>어색한</u> 것을 고르시오.

17

① Can you help me prepare lunch right now?

② I would read a book before going to bed.

③ You don't have to finish the report today.

④ You should recycle to help the environment.

⑤ I suggest that he hires more employees this year.

18

① A living dinosaur can't be seen.

② Jessica used to have long, red hair.

③ You must have leave your bag at the restaurant.

④ I shouldn't have changed my major.

⑤ I would rather not watch the documentary.

[19-20] 영어 문장을 우리말로 잘못 옮긴 것은?

19

① She may have seen the man on TV.

→ 그녀는 TV에서 그 남자를 봤을지도 모른다.

② He had to clean the bathroom as a punishment.

→ 그는 벌로 화장실을 청소해야 했다.

③ You don't have to attend the club meeting.

→ 너는 그 동아리 모임에 참석해서는 안 된다.

④ You will be able to take good photos.

→ 너는 좋은 사진을 찍을 수 있을 것이다.

⑤ I'd rather start over than give up.

→ 나는 포기하느니 다시 시작하겠다.

⚠ 어려워요
20

① You should not waste your time.

→ 너는 시간을 낭비해서는 안 된다.

② You had better wear a thick coat in this weather.

→ 너는 이런 날씨에는 두꺼운 코트를 입는 게 좋겠다.

③ Minsu must have had a serious problem.

→ Minsu에게 심각한 문제가 있었던 것이 틀림없다.

④ My brother was able to fix the bike easily.

→ 내 남동생은 그 자전거를 쉽게 고칠 수 있었다.

⑤ She can't have changed her plan.

→ 그녀는 그녀의 계획을 변경하지 말았어야 했다.

💬 서술형
[21-23] 보기에서 알맞은 표현을 골라 빈칸에 쓰시오.

보기	should	must	would rather

21

He _____ be French, because his French pronunciation is perfect.

22

They insist that a golf course _____ not be built there.

23

We _____ do some housework than do nothing.

[24-25] 어법상 올바른 것을 2개 고르시오.

24

① Jeff may have gotten lost in the mountains.

② I would rather to take a taxi now.

③ I can't eat peanuts because I have an allergy.

④ The director will can make a good movie.

⑤ There would be a book store on the corner until last year.

⚠ 어려워요
25

① I should call you yesterday to ask for help.

② You'd not better hang out with Amy.

③ I used to playing tennis with Daniel.

④ They're able to communicate with dogs.

⑤ He has been busy. He can't have met her recently.

A

우리말과 일치하도록 주어진 단어를 바르게 배열하시오.

1 너는 매일 비타민을 먹어야 한다.
  (every day, vitamins, you, to, take, have)
  → _____

2 너는 너의 여동생을 놀리지 않는 게 좋겠다.
  (tease, you, not, had, your sister, better)
  → _____

3 그녀가 그런 실수를 했을 리가 없다.
  (have, such, made, she, a mistake, can't)
  → _____

B

우리말과 일치하도록 ( ) 안의 표현을 이용하여 문장을 완성하시오.

1 나는 이 책을 읽느니 차라리 자러 가겠다. (go)
  → I _____ to bed _____
  this book.

2 너는 그의 제안을 받아들였어야 했다. (accept)
  → You _____ his proposal.

3 그 경찰관은 그 남자가 그의 차를 옮겨야 한다고 주장했다.
  (the man, move one's car)
  → The police officer insisted that _____
  _____.

C

빈칸에 알맞은 말을 보기에서 각각 골라 쓰시오.

보기	may	touch the paintings
	must not	rain in the evening

1 Don't forget to bring your umbrella with you. It
  _____.

2 You _____ in the
  museum. If you do, you may damage them.

D

그림을 보고 보기와 ( ) 안의 표현을 이용하여 글을
완성하시오.

 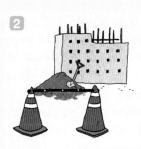

보기	may not	must

1 Many people in the theater are falling asleep.
  The movie _____. (boring)

2 The building is under construction. People
  _____ it. (enter)

E

다음 대화의 밑줄 친 우리말과 일치하도록 ( ) 안의 단어를
이용하여 문장을 완성하시오.

Nina: You seem to have lost weight lately.
John: Yes. Before, I had a great appetite.
  ⓐ 나는 식사 때마다 밥 한 공기 가득 먹곤 했어,
  but ⓑ 지금은 반 공기도 먹을 수가 없어. Also I
  feel really tired.
Nina: I think ⓒ 너는 병원에 가보는 게 낫겠어.

ⓐ I _____ a full bowl of rice at every
  meal (have)
ⓑ I _____ half a bowl now (eat)
ⓒ you _____ a doctor (see)

바르게 쓰인 문장에는 **O**, 어색한 문장에는 **X**를 표시한 후, 어색한 부분을 바르게 고치시오.

접어서 풀어보세요.

can

1 He will can teach me how to ski. （ ）

_____ → _____

▸ He **will be able to** teach me how to ski.
조동사는 두 개 이상 연달아 쓸 수 없다.

may

2 She may visit us with her family during the vacation. （ ）

_____ → _____

▸ She **may** visit us with her family during the vacation.
may는 '~일지도 모른다'와 '~해도 된다'의 의미이다.

must / have to

3 We must wait an hour to ride the roller coaster yesterday. （ ）

_____ → _____

▸ We **had to** wait an hour to ride the roller coaster yesterday.
'반드시 ~해야 한다'는 의미의 must와 have to의 과거형은 had to이다.

should

4 His father insists that he goes to the University of Chicago. （ ）

_____ → _____

▸ His father **insists** that he **(should) go** to the University of Chicago.
요구·제안·주장 등을 나타내는 동사 뒤의 that절이 '~해야 한다'는 당위성을 나타낼 때 that절에 「(should)+동사원형」을 쓴다.

had better

5 You had not better be late again. （ ）

_____ → _____

▸ You **had better not** be late again.
had better의 부정은 had better not이다.

would rather

6 I would rather skip dinner than to eat this pizza. （ ）

_____ → _____

▸ I **would rather skip** dinner **than eat** this pizza.
would rather A than B에서 A와 B에는 동사원형이 온다.

would / used to

7 He would be concerned about his appearance, but he isn't now. （ ）

_____ → _____

▸ He **used to** be concerned about his appearance, but he isn't now.
would: ~하곤 했다(과거의 반복된 행동·습관)
used to: ~하곤 했다(과거의 반복된 행동·습관), ~이었다(과거의 상태)

조동사+have v-ed

8 I must have told the truth to David yesterday. He is angry at me now. （ ）

_____ → _____

▸ I **should have told** the truth to David yesterday. He is angry at me now.
should have v-ed는 '~했어야 했다'의 의미로 과거에 대한 후회를 나타낸다.

Chapter

6

관계사

UNIT 1 관계대명사와 관계부사
UNIT 2 주의해야 할 관계사의 용법

UNIT 1 관계대명사와 관계부사

A 관계대명사의 역할

관계대명사는 접속사와 대명사의 역할을 동시에 하며, 관계대명사가 이끄는 절은 앞 절의 명사(선행사)를 수식한다.

This is *the student*. + *He* won the speech contest.

→ This is the student [**who** won the speech contest].

선행사	주격	소유격	목적격
사람	who	whose	who(m)
사물, 동물	which	whose	which
사람, 사물, 동물	that	-	that
선행사 포함	what	-	what

Check-up 우리말과 일치하도록 주어진 단어를 바르게 배열하시오.

1 저 아이가 창문을 깬 소년이다. (broke, the boy, the window, who)

   → That is _____.

2 나는 그가 추천한 그 책을 읽었다. (he, the book, recommended, that)

   → I read _____.

B 주격, 소유격, 목적격 관계대명사

1 주격 관계대명사(who, which, that): 관계대명사절 내에서 주어 역할

   I like *people* **who**[**that**] are responsible and honest.

   We visited *the museum* **which**[**that**] opened last month.

2 소유격 관계대명사(whose): 관계대명사절 내에서 명사를 수식하는 소유격 역할

   I know *a man* **whose** parents live in Texas.

   He has *two dogs* **whose** legs are very short.

3 목적격 관계대명사(who(m)[1], which, that): 관계대명사절 내에서 목적어 역할

   They are *the children* **who(m)**[**that**] I taught English to.

   The cookies **which**[**that**] you bake are my favorite snack.

Check-up 다음 두 문장을 관계대명사를 이용하여 한 문장으로 바꿔 쓰시오.

1 There are tigers. They are from Siberia.

   → _____

2 The girl is very sick. We visited her yesterday.

   → _____

3 I bought a bag. Its design is very unique.

   → _____

Words

disagree with ~에 동의하지 않다 responsible 책임감 있는 Siberia 시베리아 unique 독특한

Grammar Tips

+

선행사가 「사람+사물/동물」 또는 -thing으로 끝나는 단어이거나, 선행사에 최상급, 서수, the very, the same, the only 등이 포함되어 있을 때는 주로 관계대명사 that을 쓴다.
- There is *something* **that** I really want to show you.
- She was *the only* person **that** disagreed with my opinion.

[1] 구어체에서는 목적격 관계대명사 whom 대신 who를 많이 쓴다.

C 관계대명사 what

what은 선행사를 포함한 관계대명사로, the thing(s) that[which](~하는 것)의 의미이다.[2]

What (= The thing that[which]) is beautiful is not always good.
I bought **what** my sister wanted as a Christmas gift.
Thriller movies are **what** he enjoys watching.

Check-up 우리말과 일치하도록 ( ) 안의 단어를 이용하여 문장을 완성하시오.

1 나는 그녀가 잡지에 쓴 것을 정말 좋아한다. (write)
   → I really like _____ in the magazine.

2 물리학은 내가 대학에서 공부하고 싶은 것이다. (want, study)
   → Physics is _____ in college.

Grammar Tips

[2] what이 이끄는 관계대명사절은 문장에서 주어, 목적어, 보어 역할을 한다.

D 관계부사

관계부사는 접속사와 부사의 역할을 동시에 하며, 관계부사가 이끄는 절은 앞 절의 선행사를 수식한다.

This is *the time*. + Apples grow quickly *at this time*.
→ This is the time [**when** apples grow quickly].[3]

1 when: 선행사가 시간을 나타낼 때 (the time, the day, the year 등)
   I'm waiting for *the day* **when** (= on which) we will meet again.

2 where: 선행사가 장소를 나타낼 때 (the place, the house, the village 등)
   This is *the village* **where** (= in which) the average age of the residents is 90.

3 why: 선행사가 이유를 나타낼 때 (the reason)
   I don't know *the reason* **why** (= for which) he didn't come to the meeting.

4 how: 선행사가 방법을 나타낼 때 (the way)
   Tell me **how** the man escaped from prison.[4]
   → Tell me **the way** the man escaped from prison.

Check-up 다음 두 문장을 관계부사를 이용하여 한 문장으로 바꿔 쓰시오.

1 This is the town. My mom and dad first met here.
   → _____

2 Nobody told me the reason. The field day was canceled for that reason.
   → _____

3 He showed me the way. He removed the computer virus in that way.
   → _____

[3] 관계부사는 「전치사+관계대명사」로 바꿔 쓸 수 있다.
This is the time **when**(= **at which**) apples grow quickly.
when = on[at, in…] which
where = on[at, in…] which
why = for which
how = the way in which
(보통 the way로만 쓴다.)

[4] 선행사 the way와 관계부사 how는 함께 쓸 수 없고, 둘 중 하나만 쓸 수 있다.
→ Tell me *the way how* the man escaped from prison. (x)

➕
선행사가 일반적인 명사(the time, the place, the reason 등)일 때, 선행사 또는 관계부사를 생략할 수 있다.
I found *the place* **where** the bears were living.
→ I found **where**[**the place**] the bears were living.

Words

thriller 스릴러물 physics 물리학 college 대학 average 평균의 resident 거주자, 주민 escape 탈출하다
prison 감옥 field day 운동회 remove 제거하다

UNIT 2 주의해야 할 관계사의 용법

A 복합관계사

1 복합관계대명사: 「관계대명사 + -ever」의 형태로, 명사절 또는 부사절을 이끈다.

who(m)ever[1]	whichever	whatever
~하는 사람은 누구나 (anyone who(m))	~하는 것은 어느 것이나 (anything which)	~하는 것은 무엇이나 (anything that)
누가[누구를] ~할지라도 (no matter who(m))	어느 것이[을] ~할지라도 (no matter which)	무엇이[을] ~할지라도 (no matter what)

Whoever (= Anyone who) leaves last must turn off the light. 명사절
Whichever (= No matter which) you choose, you will be satisfied. 부사절

2 복합관계부사: 「관계부사 + -ever」의 형태로, 부사절을 이끈다.

whenever	wherever	however
~할 때마다 (every time)	~하는 곳은 어디든지 (at any place where)	-
언제 ~하더라도 (no matter when)	어디서 ~하더라도 (no matter where)	아무리[어떻게] ~하더라도 (no matter how)

Whenever (= Every time) she goes out, she takes her dog with her.
Wherever (= No matter where) you are, I will be with you.

Check-up   우리말과 일치하도록 빈칸에 알맞은 복합관계사를 쓰시오.

1 거기에 가고 싶은 사람은 누구든지 지금 떠나도 됩니다.
→ _____ wishes to go there can leave now.

2 나는 영국을 방문할 때마다 피시 앤 칩스를 즐겨 먹는다.
→ I enjoy eating fish and chips _____ I visit England.

B 관계대명사의 생략

1 목적격 관계대명사는 생략 가능하다.
This isn't the result (**which**[**that**]) we expected.

2 「주격 관계대명사+be동사」는 생략 가능하며, 이때 관계대명사절이 분사구가 되어 앞의 선행사를 수식한다.
Do you know the man [(**who is**) talking with the foreigner]?

Electronic products [(**that are**) made in Korea] have become popular.

Words
pick out ~을 고르다   expect 기대하다, 예상하다   electronic 전자의

Grammar Tips

[1] 구어체에서는 whomever 대신 whoever를 쓰기도 한다.

whichever, whatever는 뒤에 오는 명사를 수식하는 형용사 역할(복합관계형용사)을 하기도 한다.
- You can pick out **whichever** *item* (= any item that) you like.
- **Whatever** *job* (= No matter what job) you take, you should do your best.

Check-up 다음 문장에서 생략된 부분을 찾아 쓰시오.

1 The girl lying on the beach over there is my sister.

2 The person I interviewed yesterday was an announcer.

ⓒ 전치사+관계대명사

관계대명사가 전치사의 목적어일 때, 전치사는 관계대명사절 끝에 오거나 관계대명사 앞에 올 수 있다.

This is the house (**which**[**that**]) my family lives **in**.
→ This is the house **in which** my family lives.[2]

Check-up 우리말과 일치하도록 주어진 단어를 바르게 배열하시오.

1 이것이 내가 얘기했던 웹사이트이다. (was talking, the website, about, I, that)
  → This is _____.

2 그들은 그 도둑이 머물렀던 집을 발견했다. (which, stayed, the house, at, the thief)
  → They found _____.

ⓓ 관계사의 계속적 용법

관계사 앞에 콤마(,)를 붙여서 선행사에 대한 추가적인 설명을 덧붙이는 것을 말한다. 이때 관계대명사나 관계부사는 생략할 수 없다.

1 관계대명사의 계속적 용법: 「접속사+대명사」로 바꿔 쓸 수 있으며, 관계대명사 that과 what은 계속적 용법으로 쓸 수 없다.
  Everybody likes *Tom*, **who** (= and he) is polite and kind.
  She published *three books*, **which** (= but they) didn't become popular.
  I didn't say anything, **which** (= and it)[3] made him angry.

2 관계부사의 계속적 용법: 「접속사+부사(구)」로 바꿔 쓸 수 있으며, when과 where만 가능하다.
  Amy took a vacation *yesterday*, **when** (= but at that time) it rained a lot.
  I visited *my hometown*, **where** (= and there) I met my old friends.

Check-up 두 문장이 같은 뜻이 되도록 빈칸에 알맞은 말을 쓰시오.

1 My favorite season is winter, and at that time I can ride on a sled.
  → My favorite season is winter, _____.

2 Her grades in Korean history improved, and it surprised everyone.
  → Her grades in Korean history improved, _____.

3 I apologized to Peter, but he didn't forgive me.
  → I apologized to Peter, _____.

Words
lie 눕다   announcer 아나운서   publish 출판하다   sled 썰매

[2] • 전치사가 관계대명사 앞에 올 때에는 관계대명사를 생략할 수 없다.
→ This is the house *in* my family lives. (x)
  • 관계대명사 who, that 앞에는 전치사를 쓸 수 없다.
→ This is the house *in that* my family lives. (x)

[3] 앞 절 전체를 선행사로 취할 때는 관계대명사 which를 사용한다.

➕
한정적 용법은 선행사를 뒤에서 수식하므로 선행사를 한정하는 반면, 계속적 용법은 선행사를 보충 설명한다.
- He has a son **who** lives in New York. (한정적 용법: 다른 지역에 사는 아들이 더 있을 수 있음)
- He has a son, **who** lives in New York. (계속적 용법: 아들이 하나뿐임)

[01-05] 빈칸에 알맞은 것을 고르시오.

01

> She is the girl _____ got the best grades in the class this year.

① who ② which
③ whose ④ whom
⑤ what

02

> I know a man _____ daughter is a pilot.

① who ② which
③ whose ④ whom
⑤ what

03

> You shouldn't tell anybody about _____ I told you.

① who ② which
③ that ④ whom
⑤ what

04

> You can invite _____ you want to our party.

① whatever ② whoever
③ whichever ④ whenever
⑤ wherever

05

> We crossed the Incheon Bridge, _____ is the longest in Korea.

① whose ② which
③ that ④ when
⑤ where

💬 서술형

[06-07] 우리말과 일치하도록 문장을 완성하시오.

06

> 저기가 요리사들이 이탈리아 사람인 그 음식점이다.
> → That is _____ _____ _____ the chefs are from Italy.

07

> 1988년은 서울에서 올림픽 경기가 열렸던 해이다.
> → 1988 is _____ _____ _____ the Olympic games were held in Seoul.

💬 서술형

[08-09] 두 문장이 같은 뜻이 되도록 빈칸에 알맞은 말을 쓰시오.

08

> L.A. is the city in which the most Korean-Americans live.
> → L.A. is the city _____ the most Korean-Americans live.

⭐ 자주 나와요

09

> These clothes are the things that I bought at the department store.
> → These clothes are _____ I bought at the department store.

10 밑줄 친 부분과 바꿔 쓸 수 있는 것은?

No matter how hot it is, he doesn't wear shorts.

① Whoever
② Whichever
③ However
④ Whenever
⑤ Wherever

서술형
[11-12] 다음 문장에서 생략할 수 있는 부분을 찾아 쓰시오.

11

This is the book which my dad bought for me.

→ _____

12

The lady who is helping Mr. Parker is his wife.

→ _____

[13-14] 밑줄 친 부분이 어법상 어색한 것을 고르시오.

13

① Barbara is the only person that we can trust.
② You can call me whenever you need my help.
③ That is Lisa who brother dates Emily.
④ He gave me a present which I always wanted.
⑤ They visited the town where their son lives.

⭐ 자주 나와요
14

① I have a sister, who likes to play online games.
② I read his letter, which was touching.
③ We went there in fall, when it was chilly.
④ He showed me around the city, that was very busy on Monday.
⑤ They moved to Canada, where they started a business.

서술형
[15-16] 빈칸에 공통으로 알맞은 말을 쓰시오.

15

• Ms. Kent is a new teacher _____ teaches math.
• I had a fight with Bob, _____ punched me first.

16

• That is the last thing _____ I would do.
• I see many cars and people _____ are headed to the festival.

⚠ 어려워요
17 빈칸에 that을 쓸 수 없는 것은?

① It is a product _____ people love.
② This is the auditorium in _____ the basketball game will be held.
③ Busan is a big city _____ has a population of 3.6 million.
④ The picture _____ she drew was very impressive.
⑤ It is the first drama _____ was exported to foreign countries.

[18-19] 빈칸에 알맞은 말이 바르게 짝지어진 것을 고르시오.

18

• This is the store at _____ my brother had a part-time job during summer vacation.
• From 3 p.m. to 4 p.m. is the time _____ the restaurant is least busy.

① which – where
② which – when
③ that – where
④ that – when
⑤ which – how

19

> - You can choose _____ you like under 20 dollars.
> - She didn't tell me the reason _____ she cried.

① whoever – why
② whoever – what
③ whatever – how
④ whatever – why
⑤ whenever – what

[20-21] 어법상 어색한 것을 고르시오.

20

① They are smart students whose grades are good.
② Whoever you meet there, be nice to them.
③ We had a great dinner, which made us very happy.
④ She also invited Ben, whom she didn't like.
⑤ Tell me the things what you experienced in your trip.

⭐ 자주 나와요
21

① That is the year when my parents got married.
② New Year's Day is when families get together.
③ Carrie showed me the way how she cooks rice.
④ She explained the reason why she was late.
⑤ We took pictures of the hotel where we stayed for the weekend.

22 **다음 빈칸에 들어갈 말이 나머지와 다른 것은?**

① Don't forget _____ your teacher said.
② He gave a speech _____ lasted for an hour.
③ I gave him _____ he wanted for his birthday.
④ They remembered _____ they heard.
⑤ _____ she told you isn't true.

⚠ 어려워요
23 **밑줄 친 부분을 생략할 수 없는 것은?**

① She wore the dress which Jason bought her.
② I had dinner with people who I met at the workshop.
③ The movie that we saw last night was not very good.
④ He is the boy whom Amy is going to see a movie with.
⑤ We went to a park which is near my house.

⚠ 어려워요
[24-25] 밑줄 친 부분의 쓰임이 다른 하나를 고르시오.

24

① I know a store that sells toy cars at a discounted price.
② She told me something that I would never forget.
③ People believed that he was a police officer.
④ He has a dog that has very big ears.
⑤ I won't buy shoes that are too expensive.

25

① Jenny is the girl who plays the piano every night.
② I don't know who wrote this memo.
③ Tim has an uncle who is a computer engineer.
④ They are the students who did well on the math test.
⑤ I remember the man who caught the thief.

A

우리말과 일치하도록 주어진 단어를 바르게 배열하시오.

1 그는 전기를 발견한 과학자였다.

(the scientist, electricity, discovered, was, who, he)

→ _____

2 나는 집이 어마어마하게 큰 남자를 안다.

(house, is, know, huge, a man, I, whose)

→ _____

3 그녀는 베스트셀러가 된 몇몇 책들을 썼다.

(that, she, bestsellers, some books, became, wrote)

→ _____

B

우리말과 일치하도록 ( ) 안의 표현을 이용하여 문장을 완성하시오.

1 나는 그녀가 어제 내게 말했던 것에 대해 생각해봤다. (tell)

→ I thought about _____ yesterday.

2 그는 25살이라고 말했는데, 그것은 거짓말이었다. (a lie)

→ He said he was 25, _____.

3 그들은 그들이 가는 곳 어디에나 딸을 데려간다. (go)

→ They take their daughter _____.

C

다음 두 문장을 관계사를 이용하여 한 문장으로 바꿔 쓰시오.

1 This is the picture. My grandfather painted it a few years ago.

→ _____

2 She is a famous skater. She has a lot of fans.

→ _____

3 It is a great beach. My family goes there every summer.

→ _____

D

그림을 보고, 보기의 단어를 이용하여 아래 예시처럼 문장을 완성하시오.

보기	swim	build	run

0 The men (who are) playing volleyball are my uncles.

1 The girl _____ the sandcastle is my little sister.

2 The boys _____ in the sea are my cousins.

3 The dog _____ along the beach is Choco.

E

다음 글을 읽고 물음에 답하시오.

> In the U.S. and Canada, Thanksgiving is a national holiday. On this day, families have a large meal together. Chuseok, <u>what is</u> celebrated in Korea, is similar to Thanksgiving. On that day, Koreans visit their hometowns and share traditional Korean food.

1 본문에 나온 표현과 관계사를 이용하여 문장을 완성하시오.

→ In the U.S. and Canada, Thanksgiving is _____ a large meal together.

2 밑줄 친 부분을 어법에 맞게 고치시오.

→ _____

바르게 쓰인 문장에는 **O**, 어색한 문장에는 **X**를 표시한 후,
어색한 부분을 바르게 고치시오.

접어서 풀어보세요.

주격, 소유격, 목적격 관계대명사

1 She is the singer whom won the singing ( )
contest.

_____ → _____

▶ She is the singer who[that] won the singing
contest.
선행사가 사람이고 관계사절에서 주어 역할을 할 때에는 주격 관계대명사
who 또는 that을 쓴다.

관계대명사 what

2 A big burger is that I want to eat. ( )

_____ → _____

▶ A big burger is what I want to eat.
what은 선행사를 포함한 관계대명사로, the thing(s) that[which](~하는
것)의 의미이다.

관계부사

3 Tell me the name of the store which you ( )
bought it.

_____ → _____

▶ Tell me the name of the store where you bought
it.
선행사가 장소를 나타내고 관계사절에서 부사의 역할을 할 때에는 관계부사
where를 쓴다.

관계부사

4 Nobody knows the way how Mr. Brown ( )
got rich.

_____ → _____

▶ Nobody knows the way[how] Mr. Brown got
rich.
the way와 how는 함께 쓸 수 없다.

복합관계사

5 The photographers followed him however ( )
he went.

_____ → _____

▶ The photographers followed him wherever he
went.
'~하는 곳은 어디든지'는 복합관계부사 wherever로 나타낸다.

관계대명사의 생략

6 The man taking a picture is my brother. ( )

_____ → _____

▶ The man (who is) taking a picture is my brother.
「주격 관계대명사+be동사」는 생략할 수 있다.

전치사+관계대명사

7 Is this the comedy show about which you ( )
were talking before?

_____ → _____

▶ Is this the comedy show about which you were
talking before?
관계대명사가 전치사의 목적어일 때 전치사는 관계대명사절 끝에 오거나 관
계대명사 앞에 올 수 있다.

관계사의 계속적 용법

8 I watched *Harry Potter*, that is my favorite ( )
movie.

_____ → _____

▶ I watched *Harry Potter*, which is my favorite
movie.
관계대명사 that은 계속적 용법으로 쓸 수 없다.

Chapter

7

접속사와 가정법

UNIT 1 접속사
UNIT 2 가정법

🥇 UNIT 1 접속사

Ⓐ 종속접속사

종속접속사는 명사절, 부사절 등의 종속절을 주절과 연결시킨다.

1 명사절을 이끄는 접속사: that(~라는 것), if/whether(~인지)
   • 주어 역할
   It is certain **that** he will agree with our decision.[1]
   (← **That** he will agree with our decision is certain.)
   It isn't important **if**[**whether**] they are rich or not.[2]
   (← **Whether** they are rich or not isn't important.)

   • 목적어 역할
   I didn't know (**that**) she was absent from school.[3]
   You should find out **if**[**whether**] the museum is open.

   • 보어 역할
   The problem is **that** my mother is in the hospital now.
   What I wonder is **whether** he will come to the meeting (or not).

2 부사절을 이끄는 접속사
   • 시간을 나타내는 접속사: when(~할 때), while(~하는 동안에), as(~할 때),
   after(~한 후에), before(~하기 전에), until[till](~할 때까지)
   After we finish swimming, we will have a snack.[4]
   Before Susan blew out the candles on the cake, she made a wish.

   • 이유를 나타내는 접속사: because[since, as](~하기 때문에)
   I didn't go out to dinner **because** I was busy.
   Since I studied late at the library, my father picked me up.

   • 조건을 나타내는 접속사: if(만일 ~한다면), unless(~하지 않는다면(= if ... not))
   If you wash your hands frequently, you can prevent colds.
   Unless you take a taxi, you will be late for work.[5]

   • 양보를 나타내는 접속사: though[although](비록 ~하지만), even if(만약 ~할지라도)
   Though it was quite late, there were many cars on the road.
   You can get money from an ATM **even if** the bank is closed.

Grammar Tips

[1-2] that이나 if/whether가 이끄는 명사절이 주어로 쓰인 경우, 보통 주어 자리에 가주어 It을 쓴다.

[3] 목적어로 쓰이는 that절의 that은 생략할 수 있다.

➕
if는 문장 맨 앞에서 주어 역할을 하는 절이나 보어 역할을 하는 절에는 잘 쓰이지 않는다.

[4-5] 시간이나 조건을 나타내는 부사절에서는 미래의 일을 현재시제로 나타낸다.

Words

certain 확실한   decision 결정   find out (~을) 알아내다   blow out 불어서 끄다   make a wish 소원을 빌다
pick ~ up ~을 태우러 오다   frequently 자주   prevent 예방하다   ATM 현금 인출기

Check-up 보기에서 알맞은 단어를 골라 빈칸에 쓰시오.

보기	that	as	if	whether

1 _____ Tom made the most goals, he was chosen as MVP of the team.

2 _____ we go on a picnic or not depends on tomorrow's weather.

3 The news reporter said _____ a volcano in Japan erupted yesterday.

4 _____ you come to the party, it will be more delightful.

B 짝으로 이루어진 접속사

1 both A and B: A와 B 둘 다

   Both my brother **and** I applied for the volunteer activities.

2 either A or B: A 혹은 B 중 하나

   You can go to the airport **either** by bus **or** by taxi.

3 neither A nor B: A도 B도 아닌

   The movie was **neither** interesting **nor** educational.

4 not only A but also B: A뿐만 아니라 B도 (= B as well as A)

   Ms. Kim is **not only** beautiful **but also** intelligent.

   (→ Ms. Kim is intelligent **as well as** beautiful.)

> *More Grammar* 짝으로 이루어진 접속사를 쓸 때 동사의 수 일치
>
> *Both* animals *and* plants **need** water and air. 〈both A and B: 복수 취급〉
> *Either* you *or* she **has** to go there. 〈either A or B: B에 동사의 수 일치〉
> *Neither* Charlie *nor* I **like** to go bowling. 〈neither A nor B: B에 동사의 수 일치〉
> *Not only* Alex *but also* I **am** late for school. 〈not only A but also B: B에 동사의 수 일치〉

Check-up 우리말과 일치하도록 문장을 완성하시오.

1 그는 그 노숙자에게 음식뿐만 아니라 돈도 주었다.

   → He gave the homeless man _____ food _____ money.

2 그 탁자 위에 있는 물은 뜨겁지도 차갑지도 않다.

   → The water on the table is _____ hot _____ cold.

3 커피와 차 둘 다 오랜 역사를 갖고 있다.

   → _____ coffee _____ tea have a long history.

Words

make a goal 득점하다   MVP 최우수 선수   depend on ~에 달려있다   volcano 화산   erupt (화산이) 분출하다
delightful 즐거운   educational 교육적인   intelligent 똑똑한   homeless 노숙자의

🥇 UNIT 2 가정법

Ⓐ 가정법 과거

「If+주어+동사의 과거형 ~, 주어+would[could, might]+동사원형 ... (만일 ~라면, …할 텐데)」의 형태로 현재의 사실과 반대되거나 실현 가능성이 없는 일을 가정할 때 쓴다.

If he **had** time, he **could go** to a movie with you.

(← As he doesn't have time, he can't go to a movie with you.)

If I **were**[1] you, I **would** not **buy** those shoes.

Check-up 우리말과 일치하도록 ( ) 안의 단어를 이용하여 문장을 완성하시오.

1 네가 남자라면 그의 행동을 이해할 수 있을 텐데. (can, understand)

→ If you _____ a boy, you _____ his behavior.

2 Walter가 그의 약속을 지키면 우리는 그를 신뢰할 텐데. (keep, will, trust)

→ If Walter _____ his promises, we _____ him.

Ⓑ 가정법 과거완료

「If+주어+had v-ed ~, 주어+would[could, might] have v-ed ... (만일 ~였다면, …했을 텐데)」의 형태로 과거의 사실과 반대되는 일을 가정할 때 쓴다.

If it **had been** sunny, we **would have gone** on a picnic.

(← As it was not sunny, we didn't go on a picnic.)

Amy **could have come** to the party if she **had** not **been** at work.

> *More Grammar* 혼합 가정법
>
> 가정법 과거완료와 가정법 과거가 함께 쓰인 문장으로, 「If+주어+had v-ed ~, 주어+would[could, might]+동사원형 ... (만일 ~했다면, …할 텐데)」의 형태로 쓰여 과거에 실현되지 못한 일이 현재에 영향을 미치는 것을 나타낸다.
>
> If Mike **hadn't walked** around in the rain, he **wouldn't have** a cold now.
>
> (← As Mike walked around in the rain, he has a cold now.)
>
> If I **had finished** doing my homework last night, I **could hang** out with my friends now.

Check-up 두 문장이 같은 뜻이 되도록 빈칸에 알맞은 말을 쓰시오.

1 As it snowed yesterday, we didn't go out.

→ If _____ yesterday, we _____.

2 As I realized you needed help, I helped you.

→ If _____ you needed help, I _____ you.

3 As you didn't go to bed early last night, you are tired now.

→ If _____ to bed early last night, you _____ now.

Words

behavior 행동   trust 신뢰하다   treat 치료하다   patient 환자   for free 무료로   have a cold 감기에 걸리다

Grammar Tips

[1] if절의 동사가 be동사일 경우에는 주어의 인칭과 수에 상관없이 주로 were를 쓴다.

➕

단순 조건문과 가정법 과거
• 단순 조건문: 일어날 가능성이 어느 정도 있다고 생각하는 일을 가정

If I **become** a doctor, I **will** treat poor patients for free.

• 가정법 과거: 일어날 가능성이 없다고 생각하는 일을 가정

If I **became** a doctor, I **would** treat poor patients for free.

ⓒ I wish / as if 가정법

1 I wish+가정법 과거: I wish+주어+동사의 과거형
'~라면 좋을 텐데'의 의미로, 현재의 사실과 반대되는 일에 대한 소망, 아쉬움을 나타낼 때 쓴다.
I wish I were a teacher. (← I'm sorry that I'm not a teacher.)

2 I wish+가정법 과거완료: I wish+주어+had v-ed
'~였다면 좋을 텐데'의 의미로, 과거의 사실과 반대되는 일에 대한 소망, 아쉬움을 나타낼 때 쓴다.
I wish I had studied English hard in my youth.
(← I'm sorry that I didn't study English hard in my youth.)

3 as if+가정법 과거: as if+주어+동사의 과거형
'마치 ~인 것처럼'의 의미로, 주절과 일치하는 시점의 일을 반대로 가정할 때 쓴다.
She talks **as if** she **knew** everything. (← In fact, she doesn't know everything.)

4 as if+가정법 과거완료: as if+주어+had v-ed
'마치 ~였던 것처럼'의 의미로, 주절보다 이전 시점의 일을 반대로 가정할 때 쓴다.
She talks **as if** she **had read** the novel. (← In fact, she didn't read the novel.)

Check-up   ( ) 안의 단어를 이용하여 빈칸에 알맞은 말을 쓰시오.

1 She behaves as if she _____ my mother, but she isn't. (be)

2 Rick talks as if he _____ a ghost last night, but he didn't. (see)

3 Amy wishes she _____ Sam before she studied abroad in Canada. (meet)

ⓓ Without[But for ~]

if절을 대신하는 구문으로 가정법 과거(~이 없다면 …일 것이다)와 가정법 과거완료(~이 없었다면 …였을 것이다)로 쓸 수 있다.
Without[But for] the sun, nothing **could live** on earth.
→ **If it were not for** the sun, nothing **could live** on earth.[2]
Without[But for] her advice, I **could** not **have finished** the report.
→ **If it had not been for** her advice, I **could** not **have finished** the report.[3]

Check-up   밑줄 친 부분에 유의하여 문장을 해석하시오.

1 If it were not for the tour guide, the trip would be confusing.

2 Without your help, I would have failed.

Grammar Tips

[2-3] Without[But for]는 가정법 과거인지 가정법 과거완료인지에 따라 If it were not for ~ 또는 If it had not been for ~로 바꿔 쓸 수 있다.

Words
youth 어린 시절   behave 행동하다   tour guide 여행 가이드   confusing 혼란스러운

[01-05] 빈칸에 알맞은 것을 고르시오.

01

It's clear _____ he will pass the exam.

① if　　　　　　② whether
③ even if　　　　④ that
⑤ though

02

_____ it started raining, we stopped the game.

① If　　　　　　② Unless
③ Since　　　　 ④ Although
⑤ That

03

_____ it was very cold outside, we went jogging.

① As　　　　　　② If
③ Though　　　 ④ After
⑤ Because

04

I wish I _____ a young child now.

① am
② were
③ will be
④ would have been
⑤ had been

⭐ 자주 나와요
05

If we _____ the subway, we would have arrived already.

① take　　　　　② took
③ would take　　④ have taken
⑤ had taken

06 밑줄 친 부분과 바꿔 쓸 수 있는 것은?

Without the map, we couldn't have found our hotel.

① If　　　　　　　② As
③ As if　　　　　④ But for
⑤ If it were

💬 서술형
[07-09] 우리말과 일치하도록 문장을 완성하시오.

07

그는 학교에 있거나 도서관에 있을 것이다.
→ He will be _____ at school _____ in the library.

08

내 여동생과 나는 둘 다 공포 영화를 좋아하지 않는다.
→ _____ my sister _____ I don't like horror movies.

09

내가 좀 더 어렸을 때 그것을 알았더라면 좋을 텐데.
→ I wish I _____ that when I was younger.

[10-12] 어법상 어색한 것을 고르시오.

⭐ 자주 나와요
10

① Either you or she have to stay here.
② She is not only pretty but also very kind.
③ Neither Kevin nor his brother was at home.
④ We visited both L.A. and San Francisco.
⑤ He loves camping in the woods as well as hiking.

11

① Don't call me unless it's something important.

② We waited until someone came out.

③ Although it was snowing, he drove his car.

④ As we don't know French, it is difficult to read these signs.

⑤ He will go abroad after he will graduate from school.

⚠️ 어려워요

12

① If she were a man, she would become a soldier.

② Without enough money, their business might fail soon.

③ He behaves as if he were close to me.

④ If it had not been his advice, I couldn't have chosen the right major.

⑤ If I had known her address, I would have gone to her house.

💬 서술형

[13-14] 두 문장이 같은 뜻이 되도록 ( ) 안의 단어를 이용하여 문장을 바꿔 쓰시오.

13

If we don't hurry, we may miss the train.
→ _____ (unless)

14

Without your help, I wouldn't be able to finish the work today.
→ If _____ your help, I wouldn't be able to finish the work today. (be)

15 빈칸에 알맞은 말이 바르게 짝지어진 것은?

• Mike was watching TV _____ I was watering the plants.

• Not only my friends but also I _____ having trouble studying math.

① that – was   ② when – were

③ while – was   ④ unless – were

⑤ whether – was

⭐ 자주 나와요

[16-18] 다음 문장을 가정법으로 바르게 바꾼 것을 고르시오.

16

I can't ask him for help as he is busy.

① I can ask him for help if he isn't busy.

② I can ask him for help if he weren't busy.

③ I could ask him for help if he weren't busy.

④ I could ask him for help if he hadn't been busy.

⑤ I could have asked him for help if he hadn't been busy.

17

As there was no traffic, we weren't late.

① If there is traffic, we will be late.

② If there were traffic, we will be late.

③ If there were traffic, we would be late.

④ If there had been traffic, we would be late.

⑤ If there had been traffic, we would have been late.

18

I'm sorry that I didn't score a goal.

① I wish I score a goal.

② I wish I scored a goal.

③ I wish I have scored a goal.

④ I wish I had scored a goal.

⑤ I wished I had scored a goal.

서술형

19 빈칸에 알맞은 말을 쓰시오.

He acts as if _____ _____ a big
star. In fact, he isn't a big star.

⚠ 어려워요

20 다음 문장 뒤에 이어질 문장으로 알맞은 것은?

I can't call him because I don't remember his
phone number. _____

① I wish I remember his phone number.
② I wish I remembered his phone number.
③ I wish I will remember his phone number.
④ I wish I have remembered his phone number.
⑤ I wish I had remembered his phone number.

21 밑줄 친 부분의 의미가 다른 하나는?

① You'll be late if you don't wake up right now.
② We wonder if you'll participate in the debate.
③ We don't know if the class has been canceled.
④ I'm curious about whether he's my new
teacher.
⑤ What I asked was whether I should study the
last chapter.

💬 서술형

[22-23] 우리말과 일치하도록 밑줄 친 부분을 바르게 고치
시오.

22

그녀가 좀 더 열심히 연습한다면 대회에서 우승할 텐데.
→ If she practiced harder, she wins the contest.

→ _____

23

나의 부모님도 나도 그 서비스에 만족하지 않았다.
→ Neither my parents nor I were satisfied with
the service.

→ _____

[24-25] 우리말을 영어로 바르게 옮긴 것을 고르시오.

⚠ 어려워요

24

그가 공부를 더 했다면 지금 교수일 수도 있을 텐데.

① If he studied more, he can be a professor now.
② If he studied more, he could be a professor
now.
③ If he had studied more, he is a professor now.
④ If he had studied more, he could be a professor
now.
⑤ If he had studied more, he can be a professor
now.

25

그들은 마치 복권에라도 당첨되었던 것처럼 돈을 쓴다.

① They spend money as if they win the lottery.
② They spend money as if they have been
winning the lottery.
③ They spend money as if they had won the
lottery.
④ They spend money as if they have won the
lottery.
⑤ They spend money as if they will win the
lottery.

A

우리말과 일치하도록 주어진 단어를 바르게 배열하시오.

1 저 음식점은 음식뿐 아니라 서비스도 좋다.
(good food, that restaurant, good service, has, as well as)
→ _____

2 문제는 그가 동의할지 안 할지 이다.
(agree, whether, he, the question, will, or not, is)
→ _____

3 만약 그 소문이 사실이더라도 나는 상관하지 않는다.
(is, don't, the rumor, even, care, if, true, I)
→ _____

B

우리말과 일치하도록 ( ) 안의 표현을 이용하여 문장을 완성하시오.

1 내 친구들이 없다면 내 인생은 지루할 것이다.
(if, my friends)
→ _____, my life would be boring.

2 이 오페라나 저 뮤지컬을 보자. (either, opera, musical)
→ Let's watch _____.

3 그녀는 마치 그 기사를 읽었던 것처럼 말하고 있다. 사실 그녀는 그러지 않았다. (read, the article)
→ She is talking _____.
In fact, she didn't.

 자주 나와요

C

두 문장이 같은 뜻이 되도록 문장을 바꿔 쓰시오.

1 As my sister lives far away, I can't visit her often.
→ If _____.

2 As you didn't leave earlier, you missed the plane.
→ If _____.

⚠ 어려워요

D

그림을 보고, ( ) 안의 표현을 이용하여 그림 속의 인물이 할 말을 완성하시오.

1 If I _____, _____ have to study. (be, a baby, will)

2 If I _____ faster, _____ caught the bus this morning. (run, can)

E

다음 대화의 밑줄 친 ⓐ~ⓓ 중 어법상 어색한 것 2개를 골라 바르게 고치시오.

Lucas: Are you an only child?
Emily: Yes, I am. ⓐ I wish I have a brother or a sister.
Lucas: ⓑ I have both a brother or a sister. ⓒ But I wish I were an only child.
Emily: Really? ⓓ I think that you would be lonely without them.

_____ → _____

_____ → _____

문법 정리
OX

바르게 쓰인 문장에는 **O**, 어색한 문장에는 **X**를 표시한 후,
어색한 부분을 바르게 고치시오.

접어서 풀어보세요.

종속접속사

1 It isn't important that she likes the idea or ( )
not.

_____ , → _____

▶ It isn't important whether she likes the idea or
not.
명사절을 이끄는 접속사 that은 '~라는 것'의 뜻이며, whether는 '~인지'의
뜻으로 or not과 함께 쓸 수 있다.

종속접속사

2 People don't spend a lot of money these ( )
days as the economy is bad.

_____ → _____

▶ People don't spend a lot of money these days
as the economy is bad.
이유를 나타내는 접속사 as는 부사절을 이끈다.

짝으로 이루어진 접속사

3 He likes neither Italian food or Mexican ( )
food.

_____ → _____

▶ He likes neither Italian food nor Mexican food.
'A도 B도 아닌'은 neither A nor B이다.

가정법 과거

4 If there are no exams, I would be really ( )
happy.

_____ → _____

▶ If there were no exams, I would be really happy.
가정법 과거는 「If+주어+동사의 과거형, 주어+would[could, might]+동사
원형」의 형태로, 현재 사실과 반대되거나 실현 가능성이 없는 일을 가정한다.

가정법 과거완료

5 If I have not been busy, I would have gone( )
on a trip.

_____ → _____

▶ If I had not been busy, I would have gone on a
trip.
가정법 과거완료는 「If+주어+had v-ed, 주어+would[could, might] have
v-ed」의 형태로, 과거 사실과 반대되는 일을 가정한다.

I wish 가정법

6 I wish I watched that program yesterday. ( )

_____ → _____

▶ I wish I had watched that program yesterday.
「I wish+가정법 과거완료」는 '~였다면 좋을 텐데'의 의미로 과거의 사실과 반
대되는 일에 대한 소망, 아쉬움을 나타낸다.

as if 가정법

7 Sam speaks Korean as if he is Korean. ( )
In fact, he is Chinese.

_____ → _____

▶ Sam speaks Korean as if he were Korean.
In fact, he is Chinese.
「as if+가정법 과거」는 '마치 ~인 것처럼'의 의미로, 주절과 일치하는 시점의
일을 반대로 가정한다.

Without[But for ~]

8 Without water, all living things would die. ( )

_____ → _____

▶ Without water, all living things would die.
Without[But for]는 If절을 대신하는 구문으로 가정법 과거와 가정법 과거완
료로 쓸 수 있다.

Chapter

8

일치, 비교, 특수 구문

UNIT 1 일치
UNIT 2 비교와 특수 구문

UNIT 1 일치

A 수의 일치

1 주어를 단수 취급하는 경우

- each, every, -thing, -one, -body

Every member in our club **wears** a uniform.

- 시간, 거리, 금액, 무게

Twenty kilometers **is** too far for me to run.

- -s로 끝나는 학문명, 병명, 국가명[1]

Mathematics **is** not easy to study.

- one of+복수명사(~ 중의 하나)[2]

One of the foxes **is** looking at me.

- 동명사(구), to부정사(구), 명사절(의문사절, that절, what절 등)

Running every day **helps** you keep healthy.

Why he left her **is** still unknown.

2 주어를 복수 취급하는 경우

- A and B[3]

Peter and Sam **go** to middle school together.

- the+형용사(~한 사람들)

The elderly **tend** to be good advisers.

- a number of+복수명사(많은 ~)[4]

A number of children **were** hurt in the accident.

Check-up 어법상 어색한 부분을 찾아 바르게 고치시오.

1 I think what you're saying are correct.

2 A number of athletes drinks that sports drink.

3 The Philippines are being hit by a typhoon.

4 Some of the information are from the Internet.

5 Now, everyone in the stadium want the Korean team to win.

Grammar Tips

[1] • 학문명:
physics(물리학),
economics(경제학)
• 병명: diabetes(당뇨병)
• 국가명:
the Philippines(필리핀),
the United States(미국)

[2] 「most/half/some/the
rest/분수+of ~」는 of 뒤에
나오는 명사에 동사의 수를
일치시킨다.
- Most of *the water* **was**
polluted.
- One third of *the
residents* **are** from
England.

[3] A and B가 하나의 개념을
나타낼 때는 단수 취급한다.
Curry and rice **is** one of
my favorite dishes.

[4] 「the number of
+복수명사(~의 수)」는 단수
취급한다.
The number of cars **is**
increasing.

Words

pollute 오염시키다   unknown 알려지지 않은   elderly 연세 드신   tend to ~하는 경향이 있다   adviser 조언자
increase 증가하다   athlete 운동선수   typhoon 태풍   stadium 경기장

B 시제 일치

1 시제 일치: 주절의 시제를 기준으로 종속절의 시제를 바꿔준다.

주절의 시제	종속절의 시제
현재	모든 시제
과거	과거, 과거완료[5]

She *says* that the weather **is** bad.
She *says* that the weather **was** bad.
She *says* that the weather **will be** bad.

She *said* that the weather **was** bad.
She *said* that the weather **had been** bad.
She *said* that the weather **would be** bad.

Grammar Tips

[5] 주절의 시제가 현재에서 과거로 바뀌면, 종속절의 시제는 다음과 같이 바뀐다.
• 현재 → 과거
• 과거, 현재완료 → 과거완료
• will → would, can → could, may → might, must → must[had to]

2 시제 일치의 예외
• 일반적 진리, 과학적 사실, 격언 등은 주절의 시제와 상관없이 현재시제를 쓴다.
They *knew* that the earth **is** round.
My dad *told* me that honesty **is** the best policy.

• 역사적 사실은 주절의 시제와 상관없이 과거시제를 쓴다.
Ms. Kim *told* us that the Korean War **broke** out in 1950.
(Ms. Kim *told* us that the Korean War *had broken* out in 1950. (X))

• 과거의 상황이 현재에도 지속되는 경우에는 현재시제와 과거시제 모두 쓸 수 있다.
He *told* me that he **watches[watched]** the English news every day.

Check-up   우리말과 일치하도록 (   ) 안의 단어를 이용하여 문장을 완성하시오.

1 Emily는 일요일마다 교회에 간다고 말했다. (go)
→ Emily said that she _____ to church every Sunday.

2 그는 그녀가 휴가 동안 터키를 방문할 것을 알고 있었다. (visit)
→ He knew that she _____ Turkey during the vacation.

3 그들은 달이 지구 주위를 돈다는 것을 깨달았다. (move)
→ They realized that the moon _____ around the earth.

4 너는 Charles Dickens가 이 소설에서 사회의 어두운 면을 어떻게 묘사했는지를 배울 것이다. (describe)
→ You'll learn how Charles Dickens _____ the dark side of society in this novel.

Words
policy 방책, 정책   break out (전쟁 등이) 발발하다   realize 깨닫다   describe 묘사하다

UNIT 2 비교와 특수 구문

A 원급, 비교급, 최상급 비교

1 원급 비교: as+형용사/부사의 원급+as ~(~만큼 …한[하게])

He is **as intelligent as** Beth.

This river is **not as beautiful as** the river in my hometown.[1]

2 비교급 비교: 비교급+than ~(~보다 더 …한[하게])

New York City is **larger than** Chicago.

My problem is **more serious than** yours.

3 최상급 비교: the+최상급+(in/of ~)((~에서) 가장 …한[하게])

Seoul is **the most crowded** city *in* Korea.   in+장소나 범위를 나타내는 단수명사

Cindy is **the youngest** *of* her family members.   of+비교의 대상이 되는 명사

Check-up   밑줄 친 부분을 어법에 맞게 고치시오.

1 Amanda is <u>tallest</u> than her sister.

2 Mt. Everest is <u>the higher</u> mountain in the world.

3 This book is not <u>as interesting</u> other books.

4 You spent <u>very</u> more money than I did.

B 여러 가지 비교 표현

1 자주 쓰이는 표현

You'd better leave **as soon as possible**.[2]   as+원급+as possible(가능한 ~한[하게])

That shop has **twice as many bags as** this one.   배수사+as+원급+as ~(~보다 몇 배 …한)

The older she grew, **the wiser** she became.   the+비교급, the+비교급(~하면 할수록 더 …한)

The singer became **more and more popular**.   비교급+and+비교급(점점 더 ~한)

He is **one of the fastest runners** in his school.

one of the+최상급+복수명사(가장 ~한 …중의 하나)

2 원급과 비교급을 이용한 최상급 표현

Ian is **the funniest boy** in my class.   the+최상급

→ Ian is **funnier than any other boy** in my class.   비교급+than any other+단수명사

→ **No** (other) boy in my class is **funnier than** Ian.   no ~ 비교급+than

→ **No** (other) boy in my class is **as funny as** Ian.   no ~ as+원급+as

---

Words

intelligent 똑똑한   serious 심각한   Mt. Everest 에베레스트 산

Grammar Tips

[1] not as+원급+as ~: ~만큼 …하지 않은[않게]

➕

much, even, far, a lot은 비교급 앞에서 '훨씬'의 의미로 쓰여 비교급을 강조한다.
She drives **far** *more carefully* than Tom.

➕

비교급, 최상급 만들기
• 원칙
- 대부분의 단어:
원급 + -(e)r/(e)st
- 일부 2음절 또는 3음절 이상 단어: more/most+원급
• 불규칙 변화
many/much – more – most
little – less – least
good/well – better – best
bad/ill – worse – worst

[2] as+원급+as possible
= as+원급+as+주어+can
→ You'd better leave **as soon as you can**.

84

Check-up ( ) 안에 주어진 단어를 바르게 배열하시오.

1 I worked _____ they did. (long, three, as, times, as)

2 _____ I study, _____ I learn. (more, the, the, harder)

3 Arabic is _____.
(other, difficult, any, more, language, than)

C 강조, 부정, 도치 구문

1 강조

• do를 이용한 강조: 「do/does/did+동사원형」의 형태로 일반동사를 강조한다.

He *studied* hard so he wouldn't fail. → He **did study** hard so he wouldn't fail.

• It is[was] ~ that ... 강조 구문: 강조하는 말을 It is[was]와 that 사이에 두어 '···인 것은 바로 ~이다'의 의미를 나타낸다.

I met Kate at the park yesterday.

→ **It was** *Kate* **that** I met at the park yesterday. Kate 강조

2 부정

Not all of them like your idea.[3]   **None** of us want to go out in this weather.[4]

3 도치

• 장소나 방향의 부사(구)를 강조할 경우: 「부사(구)+동사+주어」의 어순으로 쓴다.
On the hill stood a tall man. (← A tall man stood on the hill.)

• 부정어(never, hardly, little 등)를 강조할 경우: 일반동사가 쓰인 문장은 「부정어+do/does/did+주어+동사」, 조동사가 쓰인 문장은 「부정어+조동사+주어+동사」, be동사가 쓰인 문장은 「부정어+be동사+주어」의 어순으로 쓴다.
Never did I imagine that he would come. (← I never imagined that he would come.)

• So[Neither, Nor]+동사+주어: 「So+동사+주어(~도 또한 그렇다)」는 긍정문 뒤에, 「Neither/Nor+동사+주어(~도 또한 그렇지 않다)」는 부정문 뒤에 쓴다.
Junho *is* good at persuading people. — **So am I.**
I *don't want* to eat dinner now. — **Neither do[5] I.**

Check-up 다음 문장을 ( ) 안의 지시대로 바꿔 쓰고, 문장을 해석하시오.

1 Nancy gave me a flower. (Nancy 강조)
→ _____

2 I have never heard such a funny story. (never를 문두로)
→ _____

3 The rich are always happy. (not 삽입)
→ _____

Grammar Tips

[3] 부분 부정:
not+all/every/always
(모두/항상 ~인 것은 아니다)

[4] 전체 부정:
no, none, neither, never
(아무도/결코 ~ 않다)

[5] 앞 문장의 동사가 일반동사이면 do/does/did를 쓴다.

Words
Arabic 아랍어   hardly 거의 ~ 않다   imagine 상상하다   persuade 설득하다

[01-05] 빈칸에 알맞은 것을 고르시오.

01

> Everything in the store _____ on sale now.

① is   ② are
③ was   ④ were
⑤ have been

02

> Cathy and Bob _____ in the old building.

① lives   ② is living
③ live   ④ was living
⑤ has lived

03

> Thirty minutes _____ given to solve all the questions.

① are   ② were
③ will   ④ is
⑤ have been

04

> I learned that Jane Austen _____ *Pride and Prejudice*.

① write   ② wrote
③ had written   ④ has written
⑤ will write

05

> Ann sings French songs very well, and _____.

① so am I   ② so do I
③ so did I   ④ neither do I
⑤ neither did I

[06-07] 빈칸에 알맞지 <u>않은</u> 것을 고르시오.

⭐ 자주 나와요

06

> Seoul is _____ bigger than Busan.

① much   ② more
③ even   ④ far
⑤ a lot

07

> Ben is more _____ than Jackson.

① intelligent   ② generous
③ heavy   ④ careful
⑤ honest

08 두 문장의 의미가 같지 <u>않은</u> 것은?

① Susan spoke as loudly as possible.
   → Susan spoke as loudly as she could.
② Tom is not as diligent as Shane.
   → Tom is more diligent than Shane.
③ Julie is nicer than any other girl I know.
   → Julie is the nicest girl I know.
④ If you exercise more, you'll be healthier.
   → The more you exercise, the healthier you'll be.
⑤ No other man in the company is more hard-working than Roy.
   → No other man in the company is as hard-working as Roy.

[09-10] 밑줄 친 부분이 어법상 올바른 것을 고르시오.

09

① The United States <u>are</u> a large country.
② One of the teachers <u>are</u> Canadian.
③ Trial and error <u>are</u> a good way to succeed.
④ Half of the items on sale <u>is</u> sold out.
⑤ Five kilometers <u>is</u> a long way for most people to walk.

10

① The weather is becoming <u>warm and warm</u>.
② We should jump <u>as higher as</u> possible.
③ This coat is <u>not as expensive as</u> that one.
④ It was <u>the worse</u> experience of my life.
⑤ New York is one of <u>the busier city</u> in the world.

💬 서술형

[11-12] 우리말과 일치하도록 밑줄 친 부분을 바르게 고치시오.

⭐ 자주 나와요

11

> 모두가 내 의견에 동의한 것은 아니었다.
> → Everybody <u>didn't agree</u> with my opinion.

→ _____

12

> 그의 개는 Mia의 개보다 두 배 크다.
> → His dog is <u>two as big as</u> Mia's dog.

→ _____

13 빈칸에 알맞은 말이 바르게 짝지어진 것은?

> • Cleaning your desk _____ a good idea.
> • The homeless _____ to have a place to live.

① is – wants
② are – wants
③ are – want
④ is – want
⑤ is – wanting

💬 서술형

[14-15] 우리말과 일치하도록 ( ) 안의 단어를 이용하여 문장을 완성하시오.

14

> 관광객의 수가 급격히 줄어들었다. (have)
> → The number of tourists _____ decreased sharply.

15

> 내가 그 문제를 해결하려고 하면 할수록 그것은 더 악화되었다. (much, bad)
> → _____ I tried to fix the problem, _____ it became.

[16-18] 우리말과 일치하도록 할 때 빈칸에 알맞은 것을 고르시오.

16

> 우리 중 누구도 홍콩에 가본 적이 없다.
> → _____ have been to Hong Kong.

① Not we
② Not everyone
③ Both of us
④ Either of us
⑤ None of us

17

> 그가 다른 사람들에게 항상 친절한 것은 아니다.
> → He _____ kind to other people.

① is always
② is not always
③ is never
④ is never always
⑤ isn't never

18

A: 나는 그 영화가 그다지 좋지 않았어.
B: 나도 그랬어.
→ A: I didn't like the movie very much.
   B: _____

① So am I.　　　　② So did I.
③ Neither am I.　　④ Neither do I.
⑤ Neither did I.

💬 서술형 ⭐ 자주 나와요

[19-20] 밑줄 친 부분을 강조하여 다시 쓸 때, 빈칸에 알맞은 말을 쓰시오.

19

I was looking for my wallet.
→ It _____ I was looking for.

20

They won the game yesterday.
→ They _____ the game yesterday.

[21-23] 밑줄 친 부분이 어법상 어색한 것을 고르시오.

21

① Someone is waiting for you in the hallway.
② A number of students studies abroad these days.
③ Economics is difficult to study.
④ The rich need to pay more taxes.
⑤ Writing in English is more difficult than speaking.

⚠️ 어려워요

22

① On the bed was my lost file.
② Hardly she goes to the movies.
③ It was my mistake that made the problem worse.
④ No one could answer the question.
⑤ Both of us did order steak for lunch.

⚠️ 어려워요

23

① He said that there had been an accident.
② She believed Tom would come back soon.
③ Bill said that he takes a bath every day.
④ I learned that air was lighter than water.
⑤ Did you know that Brazilians speak Portuguese?

💬 서술형

[24-25] 주절의 시제를 과거로 바꿔 쓸 때, 빈칸에 알맞은 말을 쓰시오.

24

Michael says he will pay me back soon.
→ Michael said he _____ me back soon.

25

I think you have to apologize to him.
→ I thought you _____ to him.

A

우리말과 일치하도록 주어진 단어를 바르게 배열하시오.

1 많은 사람들이 그 버스를 기다리고 있었다.
(waiting for, a number of, were, the bus, people)
→ _____

2 내 친구 중 한 명은 패스트푸드점에서 일한다.
(one, works, of, a fast-food restaurant, my friends, at)
→ _____

3 수학 시험은 내가 예상했던 것보다 훨씬 어려웠다.
(was, than, much, the math exam, difficult, more)
→ _____ I thought.

B

우리말과 일치하도록 ( ) 안의 단어를 이용하여 문장을 완성하시오.

1 그들은 그들의 여행이 환상적일 거라고 말했다.
(trip, fantastic)
→ They said that _____.

2 그 군인들은 점점 더 지쳐갔다. (exhausted)
→ The soldiers became _____.

3 이것을 가능한 한 주의 깊게 보세요. (carefully)
→ Look at this _____.

C

다음 문장을 ( ) 안의 지시대로 바꿔 쓰시오.

1 We had to pick up Leo at the airport yesterday.
(yesterday 강조)
→ _____

2 Jina never ate alone in the cafeteria last year.
(never를 문두로)
→ _____

3 My mother always says that a friend in need is a friend indeed. (과거시제로)
→ _____

D

다음 메뉴판을 보고 ( ) 안의 단어와 비교 표현을 이용하여 문장을 완성하시오.

Menu	
Chicken Burger	$5
Bulgogi Burger	$6
Shrimp Sandwich	$2.5
Coke / Sprite	$1.5

1 Coke is _____ Sprite.
(expensive)

2 A chicken burger is _____ a bulgogi burger. (cheap)

3 A chicken burger is _____ as a shrimp sandwich. (twice)

E

다음 글의 밑줄 친 ⓐ~ⓓ 중 어법상 어색한 것 3개를 골라 바르게 고치시오.

Amy: I'm tired of wearing a school uniform every day.
Jim: ⓐ So do I. I'd like to wear a T-shirt and jeans. They are ⓑ comfortable than a uniform.
Amy: Right. Some people think that wearing a school uniform ⓒ helps them save money, but uniforms are expensive.
Jim: Yes, my mother said that she ⓓ pays about 300,000 won for mine. That is a lot of money.

_____ → _____

_____ → _____

_____ → _____

바르게 쓰인 문장에는 **O**, 어색한 문장에는 **X**를 표시한 후,
어색한 부분을 바르게 고치시오.

접어서 풀어보세요.

수의 일치

1 Everyone were complaining about the hot ( )
weather.

_____ → _____

▸ Everyone **was** complaining about the hot
weather.
everyone은 단수 취급한다.

수의 일치

2 Eating fruits and vegetables make you ( )
healthy.

_____ → _____

▸ Eating fruits and vegetables **makes** you healthy.
동명사구는 단수 취급한다.

시제 일치

3 He didn't know that he will be promoted. ( )

_____ → _____

▸ He didn't know that he **would** be promoted.
주절이 과거이므로 종속절의 조동사도 과거로 쓴다.

시제 일치

4 My teacher said that actions speak louder ( )
than words.

_____ → _____

▸ My teacher said that actions **speak** louder than
words.
격언은 주절의 시제와 상관없이 현재시제를 쓴다.

원급, 비교급, 최상급 비교

5 That camera is not as best as this one. ( )

_____ → _____

▸ That camera is not **as good as** this one.
as+형용사/부사의 원급+as ~: ~만큼 …한[하게]

여러 가지 비교 표현

6 No other train in the world is fast than this ( )
one.

_____ → _____

▸ **No other** train in the world is **faster than** this
one.
「no (other) ~ 비교급+than」으로 최상급의 의미를 나타낼 수 있다.

강조, 부정, 도치 구문

7 I do liked the food you made. ( )

_____ → _____

▸ I **did[do]** like the food you made.
「do/does/did+동사원형」의 형태로 일반동사를 강조할 수 있다.

강조, 부정, 도치 구문

8 Hardly did she remember the man. ( )

_____ → _____

▸ **Hardly did she remember** the man.
부정어(hardly)를 강조할 경우 일반동사가 쓰인 문장은 「부정어+do/does/
did+주어+동사」의 어순으로 쓴다.

---

memo

memo

memo

지은이

NE능률 영어교육연구소

NE능률 영어교육연구소는 혁신적이며 효율적인 영어 교재를 개발하고
영어 학습의 질을 한 단계 높이고자 노력하는 NE능률의 연구조직입니다.

열중16강 문법 〈LEVEL 3〉

펴 낸 이	주민홍
펴 낸 곳	서울특별시 마포구 월드컵북로 396(상암동) 누리꿈스퀘어 비즈니스타워 10층 ㈜NE능률 (우편번호 03925)
펴 낸 날	2019년 1월 5일 개정판 제1쇄 발행 2024년 2월 15일 제9쇄
전 화	02 2014 7114
팩 스	02 3142 0356
홈페이지	www.neungyule.com
등록번호	제1-68호
I S B N	979-11-253-2605-2 53740
정 가	9,000원

NE 능
률

고객센터

교재 내용 문의 : contact.nebooks.co.kr (별도의 가입 절차 없이 작성 가능)
제품 구매, 교환, 불량, 반품 문의 : 02-2014-7114
☎ 전화문의는 본사 업무시간 중에만 가능합니다.

NE능률 교재 MAP

문법 구문

초1-2	초3	초3-4	초4-5	초5-6
	그래머버디 1	그래머버디 2	그래머버디 3	Grammar Bean 3
	초등영어 문법이 된다 Starter 1	초등영어 문법이 된다 Starter 2	Grammar Bean 1	Grammar Bean 4
		초등 Grammar Inside 1	Grammar Bean 2	초등영어 문법이 된다 2
		초등 Grammar Inside 2	초등영어 문법이 된다 1	초등 Grammar Inside 5
			초등 Grammar Inside 3	초등 Grammar Inside 6
			초등 Grammar Inside 4	

초6-예비중	중1	중1-2	중2-3	중3
능률중학영어 예비중	능률중학영어 중1	능률중학영어 중2	Grammar Zone 기초편	능률중학영어 중3
Grammar Inside Starter	Grammar Zone 입문편	1316 Grammar 2	Grammar Zone 워크북 기초편	문제로 마스터하는 중학영문법 3
원리를 더한 영문법 STARTER	Grammar Zone 워크북 입문편	문제로 마스터하는 중학영문법 2	1316 Grammar 3	Grammar Inside 3
	1316 Grammar 1	Grammar Inside 2	원리를 더한 영문법 2	열중 16강 문법 3
	문제로 마스터하는 중학영문법 1	열중 16강 문법 2	중학영문법 총정리 모의고사 2	중학영문법 총정리 모의고사 3
	Grammar Inside 1	원리를 더한 영문법 1	쓰기로 마스터하는 중학서술형 2학년	쓰기로 마스터하는 중학서술형 3학년
	열중 16강 문법 1	중학영문법 총정리 모의고사 1	중학 천문장 3	
	쓰기로 마스터하는 중학서술형 1학년	중학 천문장 2		
	중학 천문장 1			

예비고-고1	고1	고1-2	고2-3	고3
문제로 마스터하는 고등영문법	Grammar Zone 기본편 1	필히 통하는 고등 영문법 실력편	Grammar Zone 종합편	
올클 수능 어법 start	Grammar Zone 워크북 기본편 1	필히 통하는 고등 서술형 실전편	Grammar Zone 워크북 종합편	
천문장 입문	Grammar Zone 기본편 2	TEPS BY STEP G+R Basic	올클 수능 어법 완성	
	Grammar Zone 워크북 기본편 2		천문장 완성	
	필히 통하는 고등 영문법 기본편			
	필히 통하는 고등 서술형 기본편			
	천문장 기본			

수능 이상/ 토플 80-89 · 텝스 600-699점	수능 이상/ 토플 90-99 · 텝스 700-799점	수능 이상/ 토플 100 · 텝스 800점 이상		
TEPS BY STEP G+R 1	TEPS BY STEP G+R 2	TEPS BY STEP G+R 3		

열여섯 시간에 완성하는 중학 영어 단기 특강

열중16강

문법
LEVEL 3

정답 및 해설

NE능률

열여섯 시간에 완성하는 중학 영어 단기 특강

열중16강

문법
LEVEL 3

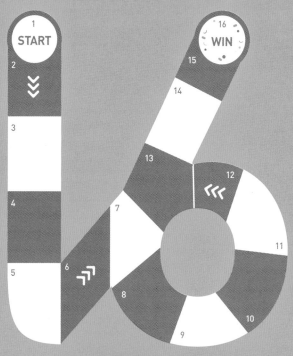

Chapter 1
시제

UNIT 1 현재완료시제
p. 12

A

나는 집에 돌아온 직후에 항상 손을 씻는다.
네가 저녁을 만들고 있을 때 나는 손을 씻었다.
나는 창문을 닦은 후에 손을 씻을 것이다.
너는 손을 씻었니? – 응, 씻었어. 나는 이제 먹을 준비가 됐어.

Check-up

1 나는 목포를 세 번 방문한 적이 있어서 그 도시를 잘 안다.
2 Jason은 배가 부르다. 그는 벌써 저녁을 먹었다.

B

나는 두 시간 동안 운전해왔다.
1 그는 런던에 막 도착했다.
   그녀는 아직 그 책의 마지막 장을 읽지 않았다.
2 나는 그를 5년 이상 알아왔다.
   이 동상은 1872년부터 그 공원에 서 있어 왔다.
3 우리는 전에 우리 컴퓨터를 업그레이드해 본 적이 없다.
   Brian은 유럽에 한 번 가본 적이 있다.
4 James는 그의 자동차 열쇠를 잃어버렸다. 그는 지금 그것을 가지고 있지 않다.
   그녀는 제주도에 갔다. 그녀는 아직 돌아오지 않았다.

Grammar Tips
나는 어제 여기에 도착했다.

Check-up

1 has been sick   2 has gone to

C

우리는 지금 세 시간째 그 차를 고치고 있다.
그는 오늘 아침 이래로 계속 공부하고 있다.

Check-up

1 has been watching   2 has been raining

UNIT 2 과거완료, 미래완료시제
p. 14

A

네가 나에게 전화를 했을 때 나는 두 시간 동안 운전해왔다.
Julie는 그가 왔을 때 이미 저녁 식사를 마쳤다.
그는 2주일간 계속 아파서, 어제 올 수 없었다.

Mike는 20살이 될 때까지 뮤지컬을 본 적이 없었다.
나는 기차에서 가방을 잃어버려서, 여행을 즐길 수 없었다.

Check-up

1 had broken   2 had bought   3 had lived

B

우리가 마침내 좌석을 찾았을 때, 그 영화는 10분간 상영되고 있던 중이었다.
사람들이 호수에 쓰레기를 버려왔기 때문에 그곳은 더러웠다.

Check-up

1 had been exercising   2 had been cleaning

C

우리가 서울에 도착할 때쯤이면 나는 두 시간 동안 운전을 한 셈이 될 것이다.
내가 그 영화를 한 번 더 보면 그것을 세 번 보는 셈이 될 것이다.
다음 달이면 나는 그를 10년 동안 알아온 셈이 될 것이다.

Check-up

1 will have disappeared   2 will have improved
3 will have already eaten   4 will have finished

D

토요일이면 우리는 이 집에 일 년간 살고 있는 셈이 될 것이다.
내년이면 나는 이 회사에서 20년간 일하고 있는 셈이 될 것이다.

Check-up

1 will have been teaching   2 will have been raining
3 will have been singing

내신 적중 테스트
p. 16

1 ③   2 ⑤   3 ⑤   4 ③, ④   5 ④   6 ④   7 have not[haven't] finished   8 ④   9 ⑤   10 ⑤   11 ②   12 have forgotten   13 will have worked[will have been working]   14 ④   15 ⑤   16 ⑤   17 ④   18 ④   19 had not[hadn't] traveled   20 will have taken his class   21 had been playing baseball   22 ⑤   23 ③   24 ④   25 ④

1 과거에 일어난 일의 결과가 현재까지 영향을 미치므로 현재완료시제를 쓴다.
2 과거에 시작되어 현재에도 계속되고 있는 일을 나타낼 때는 현재완료 진행시제를 쓴다.
3 미래의 특정 시점까지 완료될 것으로 예상되는 일은 미래완료시제로 나타낸다.
4 현재완료시제는 과거의 특정 시점을 나타내는 말과 함께 쓰지 않는다.

▶ art gallery 미술관

5 과거의 특정 시점 이전에 일어났거나 과거의 특정 시점까지 영향을 미친 일을 나타내므로 과거완료시제(had v-ed)를 쓴다.

6 「since+기준 시점」은 '~ 이래로'의 의미로 완료시제와 함께 자주 사용된다.

▶ parrot 앵무새

7 과거에 시작되어 현재 아직 완료되지 않은 일이므로 현재완료의 부정형을 쓴다.

▶ turn in ~을 제출하다

8 경험을 나타내는 현재완료이므로 eaten이 되어야 한다. / last week가 과거의 특정 시점을 나타내므로 과거시제를 쓴다.

▶ Spanish 스페인의 recently 최근에

9 미래의 특정 시점(next month)에도 계속되고 있을 일을 나타내므로 미래완료 진행시제를 쓴다.

10 ⑤는 현재완료의 〈결과〉, 나머지는 모두 〈경험〉

▶ on business 업무차 play 연극

11 ②는 현재완료의 〈완료〉, 나머지는 모두 〈계속〉

▶ run 운영하다

12 과거에 일어난 일의 결과가 현재까지 영향을 미치므로 현재완료시제를 쓴다.

13 미래의 특정 시점까지 완료되거나 영향을 미칠 것으로 예상되는 일은 미래완료시제로 나타내며, 미래의 특정 시점에도 계속되고 있을 일은 미래완료 진행시제로 쓴다.

▶ work out 운동하다

14 과거의 특정 시점 이전에 일어난 일은 과거완료시제로 나타낸다.

15 미래의 특정 시점까지 완료될 것으로 예상되는 일은 미래완료시제로 나타낸다.

16 과거에 시작되어 현재에도 계속되고 있는 일은 현재완료 진행시제로 나타낸다.

17 ④ → had already started, 과거의 특정 시점 이전의 일이므로 과거완료시제로 나타낸다.

▶ essay 보고서, 에세이

18 보기와 ④는 현재완료의 〈완료〉, ①, ③, ⑤는 〈경험〉, ②는 〈계속〉

▶ regret 후회하다 decision 결정 pack (짐을) 싸다
field trip 현장학습 part-time job 아르바이트

19 과거의 특정 시점 이전의 일이므로 과거완료시제를 쓴다.

▶ turn (나이·시기가) 되다

20 미래의 특정 시점까지 완료될 것으로 예상되는 일은 미래완료시제로 나타낸다.

21 과거의 특정 시점 이전에 시작되어 과거의 특정 시점에도 계속되고 있었던 일이므로 과거완료 진행시제를 쓴다.

22 미래의 특정 시점까지 완료되거나 영향을 미칠 일은 미래완료시제로 나타낸다.

23 과거에 시작된 일이 현재까지 계속되고 있으므로 현재완료시제를 쓴다.

24 과거의 특정 시점 이전의 일을 나타내므로 과거완료시제를 쓴다.

25 ① worked → has worked[has been working] ② has

retired → will have retired ③ will have broken → has broken ⑤ live → had been living

▶ retire 은퇴하다 break down 고장 나다 hurt 아프다

서술형 내공 Up
p. 19

A 1 Ted has been planting flowers all day.
2 We will have arrived home by 9 p.m.
3 She had already left her office

B 1 had been studying
2 have not[haven't] worn
3 Have you ever been to

C 1 had worked out
2 will have had
3 will have been shopping

D 1 has been painting a picture
2 had brushed his teeth

E ⓐ have been ⓑ had lived ⓒ moved
ⓓ have not[haven't] seen

A 1 과거에 시작되어 현재에도 계속되고 있는 일이므로 현재완료 진행시제를 쓴다.

▶ plant (나무 등을) 심다

2 미래의 특정 시점까지 완료되거나 영향을 미칠 일은 미래완료시제를 쓴다.

3 과거의 특정 시점 이전에 일어난 일은 과거완료시제를 쓴다.

B 1 과거의 특정 시점 이전에 시작되어 과거의 특정 시점에도 계속되고 있으므로 과거완료 진행시제를 쓴다.

▶ knock 두드리다, 노크하다

2 과거에 시작되어 현재 아직 완료되지 않은 일이므로 현재완료의 부정형을 쓴다.

3 과거부터 현재까지의 경험을 나타내므로 현재완료시제를 쓴다.

C 1 책을 읽기(과거) 전에 운동을 한 것이므로 과거완료시제를 쓴다.

2 오후 1시(미래)에는 점심 식사가 완료되었을 것이므로 미래완료시제를 쓴다.

3 오후 2시 30분(미래)에는 1시 30분부터 한 시간 동안 쇼핑을 하고 있는 중일 것이므로 미래완료 진행시제를 쓴다.

D 1 3시간 전에 시작되어 현재에도 계속 그림을 그리고 있으므로 현재완료 진행시제를 쓴다.

2 이를 닦은 것은 잠자리에 들기(과거) 전에 일어난 일이므로 과거완료시제를 쓴다.

E ⓐ과거에서 현재까지 계속되고 있으므로 현재완료시제를 쓴다.
ⓑ 과거의 특정 시점 이전의 일이므로 과거완료시제를 쓴다.
ⓒ 과거의 특정 시점을 나타내는 말(several years ago)은

과거시제와 함께 쓴다.

ⓓ 과거부터 현재까지의 경험을 나타내므로 현재완료시제를 쓴다.

Justin은 내가 가장 좋아하는 가수이다. 나는 2년 동안 그의 팬이었다. 오늘, 나는 그에 대한 놀라운 소식을 들었다. 그는 가수가 되기 전에 우리 동네에 살았었다! 슬프게도, 그는 몇 년 전에 다른 동네로 이사를 가서, 나는 그를 직접 본 적이 없다. 하지만 나는 내일 그의 콘서트에서 그를 만날 것이기 때문에 행복하다.

▶ sadly 슬프게도

문법정리 OX
p. 20

1 X, didn't hear → hasn't heard   2 O   3 X, has visited → visited   4 X, had been swimming → have been swimming   5 X, have watched → had watched   6 X, have been cleaning → had been cleaning   7 X, have achieved → will have achieved   8 O

Chapter 2
to부정사와 동명사

UNIT 1 to부정사
p. 22

A

1 규칙적으로 운동하는 것이 중요하다.
   나는 우리 아버지 같은 음악가가 되고 싶다.
   이번 학기 그녀의 목표는 수학에서 A를 받는 것이다.
2 사진을 찍는 것은 매우 재미있다.
   나는 중국어를 배우는 것이 어렵다는 것을 알았다.

Grammar Tips
나에게 다음에 무엇을 해야 할지 말해줘.
나는 그녀에게 어떻게 사과해야 할지 모르겠다.

Check-up

1 to see   2 interesting to talk

B

1 저에게 마실 물을 좀 주세요.
   그들은 살 아파트를 찾고 있다.
   너는 오늘까지 네 숙제를 끝내야 한다.
   그들은 서울에서 콘서트를 열 예정이다.
   어떠한 증거도 발견되지 않았다.
   그녀는 여왕이 될 운명이었다.
   저와 연락을 취하시려면, 저에게 이메일을 보내세요.
2 Mike는 똑같은 실수들을 다시 하지 않기 위해서 열심히 노력했다.
   나는 그 배우를 직접 보게 되어 정말 신이 났다.
   네 앞에서 그러한 것을 말하다니 그녀는 바보임이 틀림없다.
   이 케이크를 맛보면, 너는 그것이 빵집에서 만들어진 것이라고 생각할 것이다.
   이 강은 들어가 수영하기에 매우 위험하다.
   Jack은 자라서 유명한 요리사가 되었다.

Grammar Tips
그는 최선을 다했지만 결국 오디션에 떨어졌다.

Check-up

1 여행을 그렇게 많이 다니다니 그녀는 부자임이 틀림없다.
2 지금은 미래를 위한 계획을 세울 때이다.

C

내가 하루 안에 그 책을 읽는 것은 불가능하다.
비밀번호를 잊어버리다니 너는 정말 바보 같구나.

Check-up

1 for me to memorize   2 of you to help

D

1 우리는 그가 그의 태도를 바꾸기를 기대한다.
   우리 엄마는 내가 밖에 나가 노는 것을 허락해 주셨다.
2 Lucy는 내가 위층으로 올라가는 것을 보지 않았다.
   Marcy는 수리공이 그녀의 고장 난 휴대 전화를 고치게 했다.

Grammar Tips
나는 네 이름이 불리는 것을 들었다.
우리 아버지는 아버지의 차가 세차되도록 하셨다.
나는 우리 엄마가 집안일 하시는 것을 도왔다.

Check-up

1 take → to take   2 introducing → introduce
3 to cross → cross[crossing]

UNIT 2 to부정사와 동명사
p. 24

A

1 그 방은 100명을 수용할 만큼 충분히 크다.
2 Paul은 너무 바빠서 그 일을 제시간에 끝낼 수 없다.

3 네게 솔직히 말하면, 나는 이 케이크가 맛있지 않다.
설상가상으로, 나는 지갑을 잃어버렸다.

Grammar Tips
Jennifer는 부자인 것 같다.
Jennifer는 부자였던 것 같다.

Check-up

1 그는 맨 위 선반에 닿을 만큼 충분히 키가 크다.
2 그 박물관은 너무 커서 하루 안에 볼 수 없었다.
3 네게 솔직히 말하면, 나도 이따금 존다.

B

걷기는 모든 연령대의 사람들에게 좋은 운동이다.
우리는 텔레비전이나 영화 보는 것을 즐기지 않는다.
나를 잊지 않아 줘서 고마워.
내가 가장 좋아하는 활동은 농구를 하는 것이다.

Grammar Tips
그가 너에게 무례하게 굴어서 미안해.
그는 음악 작곡하는 것을 잘한다.
나는 그가 그 소프트웨어를 개발했던 것이 자랑스럽다.

Check-up

1 Not drinking **2** look forward to traveling

C

1 나는 그 가수의 사인을 받고 싶다.
2 문을 닫아도 될까요?
3 나는 탐정 이야기를 읽는 것을 좋아한다.
　당신은 내 남동생을 만났던 것을 기억하나요?
　일주일 안에 이 책을 반납할 것을 기억하세요.
　그는 한국의 전통 음식을 만들어 보았다.
　그는 더 나은 아이디어를 떠올려 보려고 애썼다.

Grammar Tips
그는 길을 물어보는 것을 멈췄다.
그는 길을 물어보기 위해 멈췄다.

Check-up

1 to buy **2** talking **3** snowing[to snow] **4** to send

내신 적중 테스트
p. 26

1 ④　2 ④　3 ④　4 ①　5 ④　6 ⑤　7 ①　8 ⑤
9 ④　10 remembers meeting　11 chairs to sit
on[in]　12 ③　13 ①　14 eating　15 to buy
16 ②　17 ③　18 using → to use　19 he →
his[him]　20 ⑤　21 ③　22 ③　23 ⑤　24 too
tired to go shopping　25 seems to be sick

1 명사구(the fastest way)를 수식하는 to부정사의 형용사적
용법이다.

2 to부정사가 주어로 쓰이면 주어 자리에 보통 가주어 it을 쓰고
to부정사는 뒤로 보낸다.
▶ trust 신뢰하다

3 expect는 to부정사를 목적어로 취한다.
▶ Greek 그리스의

4 사역동사는 목적격보어로 원형부정사를 취한다.

5 ④는 판단의 근거를 나타내는 to부정사의 부사적 용법,
나머지는 모두 to부정사의 형용사적 용법
▶ behave 행동하다

6 ⑤는 형용사를 수식하는 to부정사의 부사적 용법, 나머지는
모두 to부정사의 명사적 용법
▶ master 완전히 익히다 technology 기술

7 사역동사는 목적격보어로 원형부정사를 취한다.

8 want는 목적격보어로 to부정사를 취한다.

9 의무를 나타내는 be to-v이다.

10 remember v-ing: ~했던 것을 기억하다

11 to부정사의 수식을 받는 명사가 to부정사 뒤에 이어지는
전치사의 목적어인 경우 전치사를 반드시 써야 한다.

12 ① to be → being ② to watch → watching
④ eating not → not eating ⑤ blame → blaming
▶ be ashamed of ~을 부끄러워하다 documentary 다큐멘터리
pastime 취미 blame ~을 탓하다

13 ①은 사람의 성격 · 태도 등 주관적인 평가를 나타내는
형용사(rude)와 함께 쓰였으므로 of, 나머지는 모두 for
▶ marathon 마라톤 hand in ~을 제출하다

14 quit은 동명사를 목적어로 취한다.
▶ junk food 정크푸드(건강에 좋지 않은 고열량 인스턴트 식품)

15 allow는 목적격보어로 to부정사를 취한다.

16 ② → to come, promise는 to부정사를 목적어로 취한다.
▶ whole 전체의

17 ③ → practice[practicing], 지각동사는 목적격보어로
원형부정사 또는 현재분사를 취한다.

18 how to-v: 어떻게 ~할지
▶ copy machine 복사기

19 동명사의 의미상 주어는 동명사 앞에 소유격이나 목적격을 써서
나타낸다.

20 동명사가 나타내는 때가 문장 동사의 시제보다 앞설 때는
having v-ed를 쓴다.
▶ regret 후회하다

21 be used to v-ing: ~하는 데 익숙하다

22 try v-ing: (시험 삼아) ~해 보다

23 보기와 ⑤는 감정의 원인을 나타내는 부사적 용법이다. ①, ④는
명사적 용법이고, ②, ③은 형용사적 용법이다.
▶ current 현재의 used 중고의

24 so ~ that+주어+can't ... = too ~ to-v

25 to부정사가 나타내는 때가 문장 동사의 시제와 같으므로
to-v를 쓴다.

A   **1** It was kind of you to forgive her.
     2 I have some pictures to show you.
     3 He found it relaxing to lie on the beach.

B   **1** not[never] to accept
     2 her being smart
     3 her free time watching movies

C   ⓐ → baking   ⓒ → making

D   **1** turning down the volume
     2 to eat doughnuts

E   **1** is so weak that he can't run in the race
     2 is so talented that she can become a star
     3 seems to have had a car accident yesterday
     4 to turn off the air conditioner

A   **1** 사람의 성격·태도 등 주관적인 평가를 나타내는 형용사와
     함께 쓰이면 to부정사의 의미상 주어를 「of+목적격」으로
     쓴다.
     2 명사(구)를 수식하는 to부정사의 형용사적 용법이다.
     3 to부정사가 5형식 문장의 목적어로 쓰이면 목적어 자리에
     보통 가목적어 it을 쓰고 to부정사는 뒤로 보낸다.
     ▶ relaxing 마음을 느긋하게 해주는, 편안한

B   **1** to부정사의 부정은 to부정사 앞에 부정어를 쓴다.
     ▶ proposal 제안
     2 동명사의 의미상 주어는 동명사 앞에 소유격 또는
     목적격으로 쓴다.
     3 spend+시간/돈+v-ing: ~하는 데 시간/돈을 쓰다

C   ⓐ 전치사의 목적어로 to부정사는 쓸 수 없고 동명사를 써야
     한다.
     ⓒ enjoy는 동명사를 목적어로 취한다.

> Jay: 네가 빵을 정말 잘 굽는다고 들었어. 내게 네 비법을 알려
>   주겠니?
> Ann: 음, 네 가족과 친구들을 위해 빵을 만드는 것을 즐기는
>   것이 중요하다고 생각해. 그리고 나는 신선한 재료들만
>   사용하려고 노력해.
> Jay: 그게 네 빵이 맛있는 이유구나.

     ▶ secret 비법, 비결   ingredient 재료

D   **1** mind는 동명사를 목적어로 취한다.
     ▶ turn down (소리 등을) 낮추다
     2 want는 to부정사를 목적어로 취한다.

E   **1** too ~ to-v = so ~ that+주어+can't ...
     2 ~ enough to-v = so ~ that+주어+can ...
     ▶ talented 재능 있는
     3 to부정사가 나타내는 때가 문장 동사의 시제보다 앞설 때 to

have v-ed를 쓴다.
4 remember to-v: ~할 것을 기억하다

1 X, talk → talk with[to]   **2** X, for → of   **3** X, joining →
to join   **4** X, to have → have   **5** X, so → too   **6** X, be →
being   **7** X, to cry → crying   **8** O

Chapter 3
분사

UNIT 1 분사와 분사구문   p. 32

A

1 Amanda는 일기를 쓰고 있었다.
   그 책은 2000년에 쓰여졌다.
2 그 남자는 우는 아이에게 약간의 사탕을 주었다.
   경찰은 내 잃어버린 강아지를 발견했다.
   Cindy는 안경을 쓰고 있는 소년과 이야기하고 있다.
   그는 Kate라는 이름의 여자와 결혼했다.
   내 여동생은 중국어를 배우고 있다.
   그는 그의 친구들에게 둘러싸여 앉아 있었다.
   나는 개 한 마리가 길을 달려가는 것을 보았다.
   우리는 그 산이 눈으로 덮여 있는 것을 발견했다.
3 이탈리아로 여행 간 것은 신나는 경험이었다.
   Mike는 긴 강의로 지루해졌다.

Grammar Tips
그 여자는 돌고래처럼 수영하고 있다.
나는 그 영화를 몇 번 본 적이 있다.
그 인터뷰는 그에 의해 녹음되었다.

Check-up
1 making   **2** lying   **3** made   **4** satisfied

B

1 몸이 나아져서, 나는 결승전에 참가할 수 있었다.
2 그녀는 손을 흔들면서 가버렸다.
   KTX는 7시 30분에 떠나서 부산에 9시 30분에 도착한다.
   집으로 걸어서 돌아가고 있을 때, 그녀는 친구 Lisa를 만났다.

충분한 돈이 없어서, 나는 유럽으로 여행을 갈 수 없다.
오른쪽으로 돌면, 너는 그 건물을 찾게 될 것이다.

Check-up

1 Seeing, he saw
2 Practicing, you practice
3 Not passing, she didn't pass
4 talking, they talked

UNIT 2 여러 가지 분사구문 p. 34

A

어제 보고서를 끝냈기 때문에, 나는 지금 한가하다.
내 지갑을 잃어버렸기 때문에, 나는 Jim에게서 돈을 좀 빌렸다.

Check-up

1 Having had a big fight with Brian
2 Having driven all day long
3 Having watched the movie a few weeks ago

B

내 말에 화가 나서, 그는 대답을 하지 않았다.
차가 막혀서, 그녀는 그 회의에 참석할 수 없었다.
성급하게 쓰여져서, 그 책에는 여러 개의 실수가 있다.
지난 경기에서 부상을 당했기 때문에, 그는 오늘 오후에 연습하지 않을 것이다.

Check-up

1 비행기에서 보였을 때, 그 섬은 아름다워 보였다.
2 아프고 피곤해서 그 소녀는 공부에 집중할 수 없었다.
3 50년 전에 지어졌기 때문에, 그 건물은 수리가 많이 필요하다.

C

1 그 도둑을 쫓아갈 때, 그는 발목을 삐었다.
   일을 마친 후에, 우리는 나가서 저녁을 먹을 수 있었다.
2 날씨가 화창해서, 그는 산책을 하러 밖으로 나갔다.
   달리 할 것이 없어서, 우리는 영화를 보러 갔다.

Check-up

1 When cooking   2 There being

D

그녀의 표정으로 판단하건대, Jane은 행복하지 않다.
솔직히 말하면, 그 영화의 결말은 실망스러웠다.

Check-up

1 엄밀히 말하면, 오늘은 더운 게 아니라 습하다.
2 David에 대해 말하자면, 그의 중국어는 매우 뛰어나다.

E

그녀는 머리카락을 바람에 흩날리며 해변에 서 있었다.
그는 다리를 꼰 채로 거기에 앉아 있었다.

Grammar Tips

그녀는 눈을 뜬 채로 나를 쳐다보았다.
그는 등을 벽에 기댄 채 거기에 서 있었다.

Check-up

1 with her arms folded
2 with my dog following me
3 with his hands in his pockets

내신 적중 테스트 p. 36

1 ② 2 ③ 3 ② 4 ③ 5 ③ 6 ① 7 boring
8 made 9 surprised 10 ③ 11 ② 12 ⑤
13 ④ 14 ④ 15 ① 16 shout → shouting
17 Treating → (Having been) Treated 18 ③
19 ③ 20 ④ 21 Getting on the bus
22 Having done terribly on the history test
23 There being many people 24 ② 25 ③

1 '충격을 받은'이라는 수동의 뜻일 때는 과거분사를 쓴다.
   ▶ accident 사고
2 '(고양이들이) 누워 있는'이라는 능동·진행의 의미이므로 현재분사를 쓴다.
   ▶ kitten 새끼 고양이
3 '(에어컨을) 꺼둔 채'라는 수동의 의미이므로 과거분사를 쓴다.
4 Because Jean had a terrible stomachache를 분사구문으로 바꾼 것이다.
5 ③ → broken, '깨진'이라는 수동·완료의 의미가 되어야 하므로 과거분사를 쓴다.
   ▶ water (화초 등에) 물을 주다 get hurt 다치다
6 ① → Interested, '흥미를 느낀'이라는 수동의 의미이므로 과거분사를 쓴다.
   ▶ join 가입하다
7 '지루하게 하는'이라는 능동의 의미가 되어야 하므로 현재분사를 쓴다.
8 '만들어진'이라는 수동·완료의 의미가 되어야 하므로 과거분사를 쓴다.
9 '놀란'이라는 수동의 의미가 되어야 하므로 과거분사를 쓴다.
10 분사구문의 의미상 주어가 주절의 주어와 다른 경우에는 분사 앞에 주어를 쓴다.
   ▶ take off ~을 벗다
11 분사구문의 부정은 분사 앞에 not을 붙인다.
12 부사절의 시제가 주절보다 앞선 경우의 수동 분사구문: (Having been) v-ed
13 ① eaten → eating ② smiled → smiling ③ Played → Playing ⑤ Being → There being
   ▶ talk on the phone 전화 통화를 하다

14 ④는 동명사, 나머지는 현재분사
  ▶ bark 짖다

15 ①은 동명사, 나머지는 현재분사
  ▶ responsible 책임감 있는 exhausted 지친, 기진맥진한
  fall asleep 잠들다 yell 소리지르다

16 동시동작을 나타내는 분사구문이다.
  ▶ whole 전체의 audience 관중 encore 앙코르

17 부사절의 시제가 주절보다 앞선 수동 분사구문(Having been
  v-ed)에서 Having been은 생략 가능하다.
  ▶ treat 치료하다

18 '(눈물이) 흐르는 채'라는 능동의 의미이므로 현재분사를 쓴다.

19 judging from: ~으로 판단하건대
  ▶ look 표정

20 with+명사+분사: ~가 …한 채로

21 부사절과 주절의 주어와 시제가 같으므로 접속사와 주어를
  생략하고, 부사절의 동사를 v-ing 형태로 바꾼다.

22 부사절의 시제가 주절보다 앞선 경우에는 완료 분사구문
  (having v-ed)을 쓴다.
  ▶ in a bad mood 기분이 나쁜

23 분사구문의 의미상 주어가 주절의 주어와 다른 경우에는 분사
  앞에 주어를 쓴다.

24 • considering (that): ~을 감안하면
  • 연속동작을 나타내는 분사구문
  ▶ accent 억양 mailbox 우편함

25 ③ → As she had studied hard, 부사절의 시제가 주절보다
  앞서는 완료 분사구문(having v-ed)이다.
  ▶ regularly 규칙적으로 upstairs 위층으로 clothing 의류

서술형 내공 Up   p. 39

A 1 I heard my name called in the mall.
  2 Having finished cleaning our house, we
    watched TV.
  3 Being tired from work, he took a nap on the
    sofa.

B 1 It being cold
  2 Frankly speaking
  3 Not having a pen

C ⓐ losing ⓑ disappointed ⓒ exciting

D 1 fallen 2 dancing

E ⓐ → turned ⓑ → while writing

A 1 '(이름이) 불린'이라는 수동·완료의 의미이므로 과거분사를
    쓴다.
  2 부사절의 시제가 주절보다 앞선 경우에는 완료 분사구문
    (having v-ed)을 쓴다.
  3 As he was tired from work, he took a nap on the
    sofa.를 분사구문으로 바꾼 것이다.

B 1 분사구문의 의미상 주어가 주절의 주어와 다른 경우에는
    분사 앞에 주어를 쓴다.
  2 frankly speaking: 솔직히 말해서
  3 분사구문의 부정은 분사 앞에 not을 쓴다.

C ⓐ '(우리 팀이) 지고 있는'이라는 능동·진행의 의미이므로
    현재분사를 쓴다.
  ⓑ '실망한'이라는 수동의 의미이므로 과거분사를 쓴다.
  ⓒ '흥분시키는'이라는 능동의 의미이므로 현재분사를 쓴다.

어제, 나는 축구 경기를 보러 갔다. 내가 가장 좋아하는 팀이
1대 0으로 지고 있었기 때문에, 나는 정말 실망했다. 하지만
놀랍게도, 우리 팀이 경기가 끝나기 바로 전에 두 골을 넣었다.
나는 그렇게 흥미진진한 경기를 본 적이 없었다.

  ▶ score 득점을 기록하다, (점수를) 얻다

D 1 '떨어진'이라는 수동·완료의 의미이므로 과거분사를 쓴다.
  2 '춤을 추고 있는'이라는 능동·진행의 의미이므로 현재분사를
    쓴다.

E ⓐ '(방의 전등이) 켜진 채'라는 수동의 의미이므로 과거분사를
    쓴다.
  ⓑ while I was writing an essay를 분사구문으로
    나타낸 것이다. 분사구문에서 writing 앞에 있는 being은
    생략되었다.

엄마: Eric, 어젯밤에 방의 전등을 켜둔 채로 잔 거니?
Eric: 네, 그랬어요. 에세이를 쓰다가 잠이 들었어요. 그것을
    끝내려고 했거든요.
엄마: 책상에서 자는 것은 건강에 좋지 않아.
Eric: 알았어요. 다시는 그렇게 하지 않을게요, 엄마.

문법정리 OX   p. 40

1 X, naming → named 2 X, satisfied → satisfying
3 O 4 X, Finishing → Having finished 5 O 6 X, Being
→ There being 7 X, spoken → speaking 8 X, ring →
ringing

Chapter 4
수동태

UNIT 1 수동태의 의미와 형태 p. 42

A
많은 학생들이 그 미술관을 방문한다.
그 미술관은 많은 학생들에 의해 방문 된다.

Check-up
1 Entire villages were destroyed by the war.
2 Many accidents are caused by dangerous driving.
3 Only seven people are employed by the company.
4 The presentation was prepared by my classmates.

B
많은 사람들이 그 전쟁에서 죽임을 당했다.
저 오래된 집은 수십 년 전에 지어졌다.
Jake와 나는 Sandra의 집에 초대받았다.

Check-up
1 His novels are read, 그의 소설들은 전 세계에서 읽힌다.
2 Lunch is served, 점심은 12시와 1시 사이에 제공된다.
3 The schedule was changed, 그 일정은 예고 없이 변경되었다.

C
1 그 책은 Mary Johnson에 의해 쓰이지 않았다.
2 그 개들은 너희 부모님에 의해 먹이가 주어졌니?
3 음악은 Cook 씨에 의해 가르쳐질 것이다.
4 그 벽은 그날 여전히 칠해지고 있었다.
5 그 콘서트는 폭설 때문에 연기되었다.
6 이 소포는 내일까지 배달되어야 한다.

Check-up
1 is being cleaned by my friends
2 has been taken by many students
3 is not spoken by many people
4 Was the 2002 World Cup held
5 will be remembered
6 might be closed

UNIT 2 여러 가지 수동태 p. 44

A
경찰은 우리에게 약간의 정보를 주었다.
→ 우리는 경찰로부터 약간의 정보를 받았다.
→ 약간의 정보가 경찰에 의해 우리에게 주어졌다.

Grammar Tips
엄마가 나에게 이 드레스를 만들어주셨다.
→ 이 드레스는 엄마에 의해 나를 위해 만들어졌다.

Check-up
1 was sent to her by me
2 was bought for Brenda by them
3 was taught table manners by my grandfather

B
1 내 친구들은 그 고양이를 Kitty라고 부른다.
    → 그 고양이는 내 친구들에 의해 Kitty라고 불린다.
2 나는 그가 그 집 안으로 들어가는 것을 보았다.
    → 그는 나에 의해 그 집 안으로 들어가는 것이 목격되었다.
    그녀는 우리에게 부엌을 청소하게 했다.
    → 우리는 그녀에 의해 부엌을 청소하도록 강요되었다.

Grammar Tips
그들은 그녀가 노래 부르는 것을 들었다.
→ 그녀는 그들에 의해 노래 부르는 것이 들려졌다.

Check-up
1 blue   2 to enter   3 walking[to walk]

C
1 그 소년은 모든 이들로부터 비웃음을 받았다.
    (← 모든 사람들이 그 소년을 비웃었다.)
    그 소녀는 늑대들에게 길러졌다.
2 어제 사고가 발생했다.
    그는 만화책을 많이 가지고 있다.

Grammar Tips
사람들은 그가 천재라고 말한다.
→ 그는 천재라고 말해진다.

Check-up
1 My plans were put off
2 A taxi appeared
3 Kaylee resembles her father.
4 The man was run over

D
이 브랜드는 질 좋은 옷으로 유명하다.
그 홀은 그의 팬들로 가득 찼다.

Grammar Tips

그 식탁은 플라스틱으로 만들어졌다.
치즈는 우유로 만들어진다.

Check-up

1 with, 나는 그 결과에 만족한다.
2 of, 우리 팀은 10명의 구성원들로 구성되어 있다.

내신 적중 테스트

p. 46

1 ④ 2 ③ 3 ② 4 ③ 5 ④ 6 have been planted 7 to write a long essay 8 was turned off 9 ③ 10 ⑤ 11 ③ 12 ③ 13 ⑤ 14 ④ 15 ③ 16 ② 17 to be 18 crying[to cry] 19 happened 20 ③ 21 ③ 22 ④ 23 ③ 24 being → be 25 taken care → taken care of

1 회의가 Smith 씨에 의해 '열려지는' 것이므로 수동태를 쓴다.
2 조동사가 있는 수동태: 조동사+be v-ed(+by+행위자)
3 be crowded with: ~로 붐비다
4 수여동사 make의 직접목적어를 주어로 하는 수동태를 만들 때는 간접목적어 앞에 for를 쓴다.
5 지각동사의 목적격보어가 동사원형인 경우, 수동태에서는 현재분사나 to부정사로 바뀐다.
6 현재완료시제를 수동태로 바꿀 때는 「have/has been v-ed(+by+행위자)」의 형태로 쓴다.
7 사역동사 make의 목적격보어가 동사원형인 경우, 수동태에서는 to부정사로 바뀐다.
8 동사구의 수동태는 동사를 「be동사+v-ed」로 바꾸고, 동사구에 포함된 나머지 단어는 뒤에 그대로 쓴다.
   ▶ washing machine 세탁기
9 수여동사의 직접목적어를 주어로 하는 수동태 문장을 만들 때, 대부분의 수여동사는 간접목적어 앞에 to를 쓰지만, buy는 for를 쓴다.
   ▶ psychology 심리학
10 • be surprised at: ~에 놀라다
   • be composed of: ~로 구성되다
11 • 지각동사의 목적격보어가 동사원형인 경우, 수동태에서는 현재분사나 to부정사로 바뀐다.
   • People say that Ben is very generous.에서 that절의 주어를 수동태 문장의 주어로 쓸 때 that절의 동사는 to부정사로 바뀐다.
   ▶ generous 너그러운, 관대한
12 • 수여동사의 직접목적어를 주어로 하는 수동태 문장을 만들 때, 대부분의 수여동사는 간접목적어 앞에 to를 쓴다.
   • 사역동사 make의 목적격보어가 동사원형인 경우, 수동태에서는 to부정사로 바뀐다.
13 • be filled with: ~로 가득 차다
   • be covered with: ~로 덮여 있다
   ▶ bucket 양동이 bookshelf 책꽂이

14 ④ was appeared → appeared, 자동사(appear)는 수동태로 쓸 수 없다.
   ▶ liar 거짓말쟁이
15 ③ → A red necktie was bought for my uncle by me., buy의 경우 간접목적어를 주어로 수동태를 쓸 수 없다.
16 ② → with, be satisfied with: ~에 만족하다
   ▶ tofu 두부 soy bean 콩 guidebook (여행) 안내서
17 People say that the actor is over 40 years old.에서 that절의 주어를 수동태 문장의 주어로 쓸 때 that절의 동사는 to부정사로 바뀐다.
18 지각동사의 목적격보어가 동사원형인 경우, 수동태에서는 현재분사나 to부정사로 바뀐다.
19 자동사(happen)는 수동태로 쓸 수 없다.
20 수여동사의 직접목적어를 주어로 하는 수동태 문장을 만들 때, buy는 간접목적어 앞에 for를 쓴다. buy는 간접목적어를 주어로 수동태를 쓸 수 없다.
21 수동태의 의문문: be동사+주어+v-ed(+by+행위자)?
22 수동태의 진행시제: be동사+being v-ed(+by+행위자)
   ▶ destroy 파괴하다
23 ① canceled → been canceled ② be remained → remain ④ draw → drawn ⑤ been → be
   ▶ cancel 취소하다 portrait 초상화
24 수동태의 미래시제: will be v-ed(+by+행위자)
25 동사구의 수동태는 동사를 「be동사+v-ed」로 바꾸고, 동사구에 포함된 나머지 단어는 뒤에 그대로 쓴다. 여기서는 수동태의 진행시제이므로 동사를 「be동사+being v-ed」로 바꾼다.
   ▶ flood 홍수 victim 피해자 temporary 임시의, 일시적인 shelter 대피처

서술형 내공 Up

p. 49

A 1 Was the outdoor concert put off
  2 She was seen talking with a man by us.
  3 Steven is called a genius by some people.

B 1 I was given a ring
  2 was not painted by us
  3 The writer is known to

C ⓐ → Some colds can be prevented by washing your hands often.
  ⓑ → It has been proven by many experiments.
  ⓒ → It is believed that taking vitamins prevents colds[Taking vitamins is believed to prevent colds]

D 1 was hit by
  2 were surprised at

E ⓐ were seen eating ⓑ made for ⓒ by
ⓓ was covered with

A 1 수동태의 의문문이다.
　▶ outdoor 야외의　storm 폭풍
　2 지각동사의 목적격보어가 동사원형인 경우, 수동태에서는
　　현재분사나 to부정사로 바뀐다.
　3 5형식 문장의 수동태에서는 대부분 목적격보어를 그대로
　　쓴다.

B 1 간접목적어를 주어로 한 수동태이다.
　2 수동태의 부정문이다.
　3 be known to: ~에게 알려지다

C ⓐ 조동사가 있는 수동태: 조동사+be v-ed(+by+행위자),
　행위자가 중요하지 않을 때는 생략 가능하다.
　ⓑ 현재완료 수동태: have/has been v-ed(+by+행위자)
　ⓒ that절이 목적어인 문장의 수동태: 「It+be동사+v-ed+that
　~」을 쓰거나 that절의 주어를 수동태 문장의 주어로 쓴다.
　이때, that절의 동사는 to부정사로 바뀐다.

> Ellen: 겨울마다 나는 감기로 고생해. 너는 감기를 예방하는
> 　　　방법을 아니?
> Adam: 손을 자주 씻으면 일부 감기를 예방할 수 있어.
> Ellen: 정말?
> Adam: 응. 많은 실험이 그것을 증명했어. 사람들은 비타민을
> 　　　먹는 것이 감기를 예방해준다고 믿는데, 그것은
> 　　　사실이 아니야.

　▶ suffer from (병을) 앓다, ~로 고통 받다　prevent 예방하다
　experiment 실험　prove 증명하다

D 1 쓰레기통이 자동차에 의해 '치이는' 것이므로 수동태를 쓴다.
　2 be surprised at: ~에 놀라다

E ⓐ 지각동사의 목적격보어가 분사인 경우에는 수동태에서도
　분사로 쓴다.
　ⓑ 수여동사 make가 수동태가 되면 간접목적어 앞에 for를
　쓴다.
　ⓒ 수동태 문장에서 보통 행위자 앞에는 전치사 by를 쓴다.
　ⓓ be covered with: ~로 덮여 있다

> Grace: 어제 나는 너와 네 남자 친구가 공원에서 케이크를
> 　　　먹고 있는 것을 봤어.
> Jenny: 응, 그가 내 생일 케이크를 만들었어. 그것은
> 　　　훌륭했지. 그는 그것을 초콜릿 시럽과 딸기로
> 　　　장식했어.

> → 어제 Jenny와 그녀의 남자 친구가 공원에서 케이크를
> 　먹고 있는 것이 Grace에 의해 목격되었다. 그 케이크는
> 　Jenny를 위해 그녀의 남자 친구에 의해 만들어졌다.
> 　그것은 초콜릿 시럽과 딸기로 덮여 있었다.

문법정리.OX　　p. 50

1 X, held → were held　2 O　3 X, for → to　4 X, to →
for　5 X, wash → to wash　6 O　7 X, was disappeared
→ disappeared　8 X, to → with

Chapter 5
조동사

UNIT 1 조동사 1
p. 52

A
1 Justin은 혼자 힘으로 쿠키를 구울 수 있다.
　Julia는 5살 때 바이올린을 연주할 수 있었다.
　너는 외국어를 말할 수 있을 것이다.
2 지하철에 반려동물을 데리고 타서는 안 됩니다.
　이 무거운 상자들을 위층으로 옮겨주시겠어요?
3 나는 Mike를 믿는다. 그가 거짓말을 할 리가 없다.

Check-up
1 stay　2 will be able to

B
1 그는 부자일지도 모른다. 그는 비싼 옷을 자주 입는다.
　여전히 비가 오고 있다. 우리는 우리의 소풍을 연기해야 할지도
　모른다.
2 내가 네 책들을 조금 봐도 될까?
　공연 중에 사진을 찍으시면 안 됩니다.

Check-up
1 may be late for　2 may not use

C
1 우리는 미래를 위해 돈을 저축해야 한다.
　사람들은 어린이들 앞에서 나쁜 말을 사용해서는 안 된다.
　그의 팀이 경기에서 졌다. 그는 실망했음이 틀림없다.
2 나는 다음 금요일까지 이 책들을 반납해야 한다.
　오늘 오후에 네 보고서를 제출할 필요는 없다.
　그가 내일 일찍 떠나야 하나요?
　Sally는 어제 약간의 돈을 빌려야 했다.
　그들은 다음 정거장에서 기차를 갈아타야 할 것이다.

Check-up

1 You must not smoke   **2** will have to concentrate on

D

너는 소풍 갈 때 네 점심을 가져와야 한다.
우리는 길거리에 쓰레기를 버려서는 안 된다.

More Grammar

John은 내가 규칙적으로 운동해야 한다고 제안했다.
그들은 동물이 과학 실험에 이용되어서는 안 된다고 주장한다.

Check-up

1 eat   **2** should not   **3** should

UNIT 2 조동사 2   p. 54

A

1 너는 거기에 택시로 가는 게 낫다.
   너는 더 이상 몸무게를 줄이지 않는 게 낫다.
2 우리는 차라리 밖에 나가는 게 낫겠다.
   나는 빗속에서 운전하지 않는 게 낫겠다.

Grammar Tips

나는 그와 함께 나가느니 차라리 집에 머무르겠다.

Check-up

1 You had better ask   **2** You had better not reveal
3 I would rather leave today

B

1 농장에서 일할 때, 나는 항상 일찍 일어나곤 했다.
   나는 초등학교 시절에 일기를 쓰곤 했다.
2 아침마다 그는 한 시간 동안 산책을 하곤 했다.
   우리 조부모님 댁 근처에는 큰 공원이 있었다.

Check-up

1 would[used to] take   **2** used to be

C

1 Mandy는 사려 깊은 사람이다. 그녀가 그것을 말했을 리가
   없다.
   그 팀이 그들의 첫 경기를 졌을 리가 없다.
2 그는 우리의 약속을 잊었는지도 모른다.
   Lee 씨는 우리가 그녀를 위해 송별회를 준비하고 있다는 것을
   알아챘는지도 모른다.
3 땅이 젖어 있다. 밤새 비가 내렸음이 틀림없다.
   내가 학교 가는 길에 지갑을 떨어뜨렸음이 틀림없다.
4 나는 이 책을 좀 더 일찍 읽었어야 했다.
   너는 늦게 오지 않았어야 했다. 영화가 이미 시작했다.

Check-up

1 shouldn't have eaten   **2** can't have done
3 may have lied   **4** must have heard
5 should have listened

내신 적중 테스트   p. 56

1 ①   **2** ②   **3** ③   **4** telling → tell   **5** must →
had to   **6** ⑤   **7** ①   **8** ④   **9** ④   **10** ⑤   **11** ②
12 ④   **13** ⑤   **14** must have broken   **15** used to
go camping   **16** should have invited   **17** ⑤
18 ③   **19** ③   **20** ⑤   **21** must   **22** should
23 would rather   **24** ①, ③   **25** ④, ⑤

1 must: ~임이 틀림없다
2 may: ~일지도 모른다
   ▶ slippery 미끄러운
3 used to: ~하곤 했다(과거의 반복된 행동ㆍ습관)
4 조동사 뒤에는 동사원형을 쓴다.
5 과거의 강한 의무는 had to로 나타낸다.
6 should have v-ed: ~했어야 했다(하지만 하지 않았다)
   ▶ career 경력
7 can: ~해도 된다
   ▶ whatever (~한 것은) 무엇이든지
8 ㆍwould rather: 차라리 ~하는 게 낫다
   ㆍwould: ~하곤 했다(과거의 반복된 행동ㆍ습관)
9 ㆍhad better: ~하는 게 낫다
   ㆍhave to: 반드시 ~해야 한다
10 문맥상 are able to는 어색하며, are able to의 부정은
   aren't able to이다.
11 ②는 '~임이 틀림없다', 나머지는 모두 '반드시 ~해야 한다'
   ▶ harm 해를 끼치다
12 보기와 ④는 '~일지도 모른다', 나머지는 모두 '~해도 된다'
   ▶ lawn 잔디   credit card 신용 카드
13 could: ~할 수 있었다(= was/were able to)
14 must have v-ed: ~했음이 틀림없다
15 used to: ~하곤 했다
   ▶ go camping 캠핑 가다
16 should have v-ed: ~했어야 했다(하지만 하지 않았다)
17 ⑤ hires → (should) hire, suggest 뒤에 오는 that절이
   당위성을 나타내므로 that절에 「(should)+동사원형」을 쓴다.
   ▶ hire 고용하다   employee 종업원, 고용인
18 ③ must have leave → must have left, must have
   v-ed: ~했음이 틀림없다
   ▶ living 살아 있는   dinosaur 공룡   major 전공
19 ③ → 너는 그 동아리 모임에 참석할 필요가 없다., don't have
   to: ~할 필요가 없다
   ▶ punishment 벌, 처벌   start over 다시 시작하다
   give up 포기하다
20 ⑤ → 그녀는 그녀의 계획을 변경했을 리가 없다., can't have

v-ed: ~했을 리가 없다

21 must: ~임이 틀림없다

▶ pronunciation 발음

22 insist 뒤에 오는 that절이 당위성을 나타낼 때 that절에 「(should)+동사원형」을 쓴다.

▶ golf course 골프장

23 would rather A than B: B하느니 차라리 A하겠다

24 ② to take → take ④ will can → will be able to
⑤ would → used to

▶ peanut 땅콩 allergy 알레르기 director 감독

25 ① should call → should have called ② You'd not better → You'd better not ③ playing → play

▶ ask for help 도움을 요청하다 communicate 의사소통하다

A 1 You have to take vitamins every day.
2 You had better not tease your sister.
3 She can't have made such a mistake.

B 1 would rather go, than read
2 should have accepted
3 the man (should) move his car

C 1 may rain in the evening
2 must not touch the paintings

D 1 must be boring 2 may not enter

E ⓐ used to[would] have
ⓑ can't[am not able to] eat
ⓒ had better see

A 1 have to: 반드시 ~해야 한다
2 had better의 부정형: had better not
3 can't have v-ed: ~했을 리가 없다

B 1 would rather A than B: B하느니 차라리 A하겠다
2 should have v-ed: ~했어야 했다(하지만 하지 않았다)

▶ proposal 제안

3 insist 뒤에 오는 that절이 당위성을 나타내므로 that절에 「(should)+동사원형」을 쓴다.

C 1 may: ~일지도 모른다
2 must not: ~해서는 안 된다

▶ damage 훼손하다

D 1 must: ~임이 틀림없다
2 may not: ~하면 안 된다

▶ under construction 공사 중인

E ⓐ used to, would: ~하곤 했다
ⓑ can't: ~할 수 없다(= am/are/is not able to)
ⓒ had better: ~하는 게 낫다

Nina: 너 최근에 살이 빠진 것 같아.
John: 맞아. 예전에는 식욕이 왕성했어. 나는 식사 때마다 밥 한 공기 가득 먹곤 했는데, 지금은 반 공기도 먹을 수가 없어. 또 나는 정말 피곤해.
Nina: 내 생각에 너는 병원에 가보는 게 낫겠어.

▶ appetite 식욕 a bowl of 한 공기의

1 X, will can → will be able to 2 O 3 X, must → had to 4 X, goes → (should) go 5 X, had not better → had better not 6 X, to eat → eat 7 X, would → used to 8 X, must → should

Chapter 6
관계사

UNIT 1 관계대명사와 관계부사   p. 62

A

이 사람이 그 학생이다. + 그는 웅변대회에서 우승했다.
→ 이 사람은 웅변대회에서 우승한 학생이다.

Grammar Tips

내가 너에게 정말 보여주고 싶은 것이 있다.
그녀는 내 의견에 동의하지 않은 유일한 사람이었다.

Check-up

1 the boy who broke the window
2 the book that he recommended

B

1 나는 책임감 있고 정직한 사람들을 좋아한다.
우리는 저번 달에 문을 연 박물관을 방문했다.
2 나는 부모님이 텍사스에 살고 있는 한 남자를 안다.
그는 다리가 아주 짧은 개 두 마리를 가지고 있다.
3 그들은 내가 영어를 가르쳤던 어린이들이다.
네가 굽는 과자는 내가 가장 좋아하는 간식이다.

Check-up
1 There are tigers which[that] are from Siberia.
2 The girl who(m)[that] we visited yesterday is very sick.
3 I bought a bag whose design is very unique.

C

아름다운 것이 항상 좋은 것은 아니다.
나는 크리스마스 선물로 여동생이 원하는 것을 사주었다.
스릴러 영화는 그가 즐겨 보는 것이다.

Check-up
1 what she wrote   2 what I want to study

D

지금이 그때이다. + 사과는 이때 빨리 자란다.
→ 지금이 사과가 빨리 자라는 때이다.
1 나는 우리가 다시 만날 날을 기다리고 있다.
2 이곳은 주민의 평균 나이가 90세인 마을이다.
3 나는 그가 모임에 오지 않은 이유를 모른다.
4 나에게 그 사람이 감옥에서 탈출한 방법을 알려줘.

Grammar Tips
나는 그 곰들이 살고 있던 장소를 발견했다.

Check-up
1 This is the town where my mom and dad first met.
2 Nobody told me the reason why the field day was canceled.
3 He showed me how he removed the computer virus.

UNIT 2 주의해야 할 관계사의 용법 p. 64

A

1 마지막에 떠나는 사람은 누구나 불을 꺼야 한다.
  네가 어느 것을 선택하더라도 너는 만족할 것이다.
2 그녀는 나갈 때마다, 그녀의 개를 데리고 간다.
  네가 어디에 있더라도, 나는 너와 함께 있을 것이다.

Grammar Tips
너는 네가 좋아하는 물건을 아무거나 골라도 된다.
네가 어떤 일을 맡더라도 너는 최선을 다해야 한다.

Check-up
1 Whoever   2 whenever

B

1 이것은 우리가 기대했던 결과가 아니다.
2 너는 외국인과 대화하고 있는 남자를 아니?

한국에서 만들어진 전자 제품이 인기를 얻게 되었다.

Check-up
1 girl 뒤에 who[that] is
2 person 뒤에 who(m)[that]

C

이것은 우리 가족이 사는 집이다.

Check-up
1 the website that I was talking about
2 the house which the thief stayed at[the house at which the thief stayed]

D

1 모든 사람들이 Tom을 좋아하는데, 그는 예의 바르고 친절하다.
  그녀는 책 세 권을 출판했지만, 그 책들은 인기를 끌지 못했다.
  나는 어떤 것도 말하지 않았는데, 그것이 그를 화나게 했다.
2 Amy는 어제 휴가를 갔는데, 그때 비가 많이 내렸다.
  나는 내 고향을 방문했는데, 그곳에서 나는 내 옛 친구들을 만났다.

Grammar Tips
그는 뉴욕에 살고 있는 아들이 한 명 있다.
그는 아들이 한 명 있는데, 그 아들은 뉴욕에 산다.

Check-up
1 when I can ride on a sled
2 which surprised everyone
3 who didn't forgive me

내신 적중 테스트 p. 66

1 ① 2 ③ 3 ⑤ 4 ② 5 ② 6 the restaurant where 7 the year when 8 where 9 what
10 ③ 11 which 12 who is 13 ③ 14 ④
15 who 16 that 17 ② 18 ② 19 ④ 20 ⑤
21 ③ 22 ② 23 ⑤ 24 ③ 25 ②

1 선행사 the girl이 사람이고 관계사절에서 주어 역할을 해야 하므로 주격 관계대명사 who 또는 that을 쓴다.
2 선행사 a man이 관계사절에서 daughter를 수식하는 소유격 역할을 해야 하므로 소유격 관계대명사 whose를 쓴다.
3 선행사가 없으므로 선행사를 포함하는 관계대명사 what을 쓴다.
4 '~하는 사람은 누구나'를 뜻하는 복합관계대명사 whoever 또는 whomever를 쓴다.
5 선행사 the Incheon Bridge가 사물이고 관계사절에서 주어 역할을 해야 하므로 주격 관계대명사 which를 쓴다. 관계대명사 that은 계속적 용법으로 쓸 수 없다.
6 선행사 the restaurant가 장소를 나타내고 관계사절에서 부사

역할을 해야 하므로 관계부사 where를 쓴다.

▶ chef 요리사

7 선행사 the year가 시간을 나타내고 관계사절에서 부사
역할을 해야 하므로 관계부사 when을 쓴다.

8 「전치사+관계대명사」는 관계부사로 바꿀 수 있는데 선행사가
장소이므로 관계부사 where를 쓴다.

9 the things that은 관계대명사 what으로 바꿔 쓸 수 있다.

▶ department store 백화점

10 '아무리 ~하더라도'를 뜻하는 복합관계부사 However로 바꿔
쓸 수 있다.

11 목적격 관계대명사는 생략할 수 있다.

12 「주격 관계대명사+be동사」는 생략할 수 있다.

13 ③ → whose, 선행사 Lisa가 관계사절에서 brother를
수식하는 소유격 역할을 해야 하므로 소유격 관계대명사
whose를 쓴다.

14 ④ → which, 관계대명사 that은 계속적 용법으로 쓸 수 없다.

▶ touching 감동적인 chilly 쌀쌀한

15 선행사가 사람이고 관계사절에서 주어 역할을 해야 하므로 주격
관계대명사 who 또는 that을 쓰는데, 관계대명사 that은
계속적 용법으로 쓸 수 없다.

▶ punch 주먹으로 치다[때리다]

16 선행사가 -thing으로 끝나거나 「사물+사람」일 때는 주로
관계대명사 that을 쓴다.

▶ head (특정 방향으로) 가다[향하다]

17 관계대명사 that 앞에는 전치사를 쓸 수 없다.

▶ auditorium 강당 population 인구 impressive 인상적인
export 수출하다

18 • 선행사 the store가 사물이고 관계사절에서 전치사 at의
목적어이어야 하므로 관계대명사 which를 쓴다.
• 선행사 the time이 시간을 나타내고 관계사절에서 부사
역할을 해야 하므로 관계부사 when을 쓴다.

19 • 의미상 '~하는 것은 무엇이나'를 뜻하는 복합관계대명사
whatever를 쓴다.
• 선행사 the reason이 이유를 나타내고 관계사절에서 부사
역할을 해야 하므로 관계부사 why를 쓴다.

20 ⑤ what → (that[which]) 또는 the things 삭제, 선행사
the things가 있으므로 선행사를 포함하는 관계대명사
what은 쓸 수 없다.

21 ③ the way how → the way나 how 삭제, 선행사 the
way와 관계부사 how는 함께 쓸 수 없다.

▶ get married 결혼하다 get together 만나다

22 ②는 선행사 a speech가 사물이고 관계사절에서 주어 역할을
해야 하므로 주격 관계대명사 which[that], 나머지는 모두
선행사가 없으므로 선행사를 포함하는 관계대명사 what

▶ speech 연설 last 계속되다, 지속되다

23 주격관계대명사는 생략할 수 없다.

24 ③은 접속사, 나머지는 모두 관계대명사

▶ discounted 할인된

25 ②는 의문사, 나머지는 모두 관계대명사

▶ engineer 기사, 기술자

A 1 He was the scientist who discovered
electricity.
2 I know a man whose house is huge.
3 She wrote some books that became
bestsellers.

B 1 what she told me
2 which was a lie
3 wherever they go

C 1 This is the picture which[that] my grandfather
painted a few years ago.
2 She is a famous skater who[that] has a lot of
fans.
3 It is a great beach where[to which] my family
goes every summer. [It is a great beach
which my family goes to every summer.]

D 1 (who[that] is) building
2 (who[that] are) swimming
3 (which[that] is) running

E 1 a national holiday when[on which] families
have
2 which

A 1 선행사가 사람인 주격 관계대명사 who
▶ discover 발견하다 electricity 전기
2 house를 수식하는 소유격 관계대명사 whose
3 선행사가 사물인 주격 관계대명사 that
▶ bestseller 베스트셀러, 잘 나가는 상품

B 1 선행사를 포함하는 관계대명사 what
2 앞 절 전체를 선행사로 취하는 계속적 용법의 관계대명사
which
3 wherever: ~하는 곳은 어디든지

C 1 선행사가 사물인 목적격 관계대명사 which[that]
2 선행사가 사람인 주격 관계대명사 who[that]
▶ skater 스케이트 선수
3 선행사가 장소를 나타낼 때 관계부사 where

D 1-2 선행사가 사람이므로 주격 관계대명사 who 또는 that을
쓰며 「주격 관계대명사+be동사」는 생략할 수 있다.
3 선행사가 동물이므로 주격 관계대명사 which 또는 that을
쓰며 「주격 관계대명사+be동사」는 생략할 수 있다.
▶ volleyball 배구 sandcastle 모래성 along ~을 따라

E 1 선행사가 시간을 나타내므로 관계부사 when을 쓴다.
관계부사는 「전치사+관계대명사」로 바꿀 수 있다.
2 what은 선행사를 포함한 관계대명사이므로 알맞지 않다.

15

미국과 캐나다에서 추수 감사절은 하나의 명절이다. 이 날 가족들은 푸짐한 식사를 함께 한다. 추석은 한국에서 기념되는데, 추수 감사절과 비슷하다. 그날, 한국 사람들은 고향을 방문하고 한국 전통 음식을 나눠 먹는다.

▶ national 국가의 holiday 공휴일 celebrate 기념하다, 축하하다 similar to ~와 비슷한

문법정리 OX
p. 70

1 X, whom → who[that] 2 X, that → what 3 X, which → where 4 X, the way how → the way[how] 5 X, however → wherever 6 O 7 O 8 X, that → which

Chapter 7
접속사와 가정법

UNIT 1 접속사
p. 72

A
1 그가 우리의 결정에 동의할 것은 확실하다.
그들이 부자인지 아닌지는 중요하지 않다.
나는 그녀가 학교를 결석한 것을 몰랐다.
너는 박물관이 문을 열었는지 알아봐야 한다.
문제는 우리 엄마가 지금 병원에 입원 중이시라는 것이다.
내가 궁금한 것은 그가 회의에 올 것인가이다.
2 수영을 마친 후에 우리는 간식을 먹을 것이다.
Susan은 케이크 위의 촛불을 불기 전에, 소원을 빌었다.
나는 바빠서 저녁을 먹으러 나가지 않았다.
내가 도서관에서 늦게까지 공부했기 때문에, 아버지가 나를 태우러 오셨다.
손을 자주 씻으면 감기를 예방할 수 있다.
택시를 타지 않으면, 너는 직장에 지각할 것이다.
꽤 늦은 시간이었지만, 길에 많은 차가 있었다.
은행이 문을 닫더라도 너는 현금 인출기에서 돈을 뽑을 수 있다.

Check-up
1 As 2 Whether 3 that 4 If

B
1 내 남동생과 나는 둘 다 자원봉사 활동에 지원했다.
2 너는 버스나 택시 둘 중 하나를 타고 공항에 갈 수 있다.
3 그 영화는 재미있지도 교육적이지도 않았다.
4 Kim 선생님은 아름다울 뿐만 아니라 똑똑하기도 하다.

More Grammar
동물과 식물 둘 다 물과 공기를 필요로 한다.
너 혹은 그녀 중 한 명이 거기에 가야 한다.
Charlie도 나도 볼링 치는 것을 좋아하지 않는다.
Alex뿐만 아니라 나도 학교에 지각했다.

Check-up
1 not only, but also 2 neither, nor 3 Both, and

UNIT 2 가정법
p. 74

A
그에게 시간이 있다면, 그는 너와 함께 영화를 보러 갈 수 있을 텐데.
(← 그는 시간이 없어서, 너와 함께 영화를 보러 갈 수 없다.)
내가 너라면, 나는 저 신발을 사지 않을 텐데.

Grammar Tips
내가 의사가 되면, 나는 가난한 환자들을 무료로 치료할 것이다.
내가 의사가 된다면, 나는 가난한 환자들을 무료로 치료할 텐데.

Check-up
1 were, could understand 2 kept, would trust

B
1 날씨가 맑았다면, 우리는 소풍을 갔을 텐데.
(← 날씨가 맑지 않아서, 우리는 소풍을 가지 않았다.)
2 Amy가 일하지 않았다면, 그녀는 그 파티에 갈 수 있었을 텐데.

More Grammar
Mike가 비를 맞고 걸어 다니지 않았다면, 그는 지금 감기에 걸려 있지 않을 텐데. (← Mike가 비를 맞고 걸어 다녀서, 그는 지금 감기에 걸려 있다.)
내가 어젯밤에 숙제를 끝냈더라면, 나는 지금 내 친구들과 놀 수 있을 텐데.

Check-up
1 it hadn't snowed, would have gone out
2 I hadn't realized, would not have helped
3 you had gone, would not be tired

C
1 내가 선생님이라면 좋을 텐데.
(← 내가 선생님이 아니라서 유감이다.)
2 내가 젊었을 적에 영어를 열심히 공부했더라면 좋을 텐데.
(← 내가 젊었을 적에 영어를 열심히 공부하지 않아서, 유감이다.)

3 그녀는 모든 것을 아는 것처럼 말한다.
(← 사실, 그녀는 모든 것을 알지 못한다.)
4 그녀는 그 소설을 읽었던 것처럼 말한다.
(← 사실, 그녀는 그 소설을 읽지 않았다.)

Check-up

1 were **2** had seen **3** had met

D

태양이 없다면, 지구 상에 아무것도 살 수 없을 것이다.
그녀의 충고가 없었더라면, 나는 그 보고서를 끝낼 수 없었을
것이다.

Check-up

1 그 여행 가이드가 없다면 그 여행은 혼란스러울 것이다.
2 너의 도움이 없었다면 나는 실패했을 것이다.

내신 적중 테스트

p. 76

1 ④ 2 ③ 3 ③ 4 ② 5 ⑤ 6 ④ 7 either, or
8 Both, and 9 had known 10 ① 11 ⑤
12 ④ 13 Unless we hurry, we may miss the
train. 14 it were not for 15 ③ 16 ③ 17 ⑤
18 ④ 19 he were 20 ② 21 ① 22 would win
23 was satisfied 24 ④ 25 ③

1 that절이 주어 역할을 하는 명사절을 이끌어 '~라는 것'의
의미를 나타낸다.
2 since: ~하기 때문에
3 though: 비록 ~하지만
4 현재 사실과 반대되는 일에 대한 소망, 아쉬움은 「I wish+
가정법 과거」로 표현한다.
5 가정법 과거완료: If+주어+had v-ed, 주어+would[could,
might] have v-ed
6 주어진 문장이 가정법 과거완료이므로 Without은 But for나
If it had not been for로 바꿔 쓸 수 있다.
7 either A or B: A 혹은 B 중 하나
8 both A and B: A와 B 둘 다
▶ horror movie 공포 영화
9 I wish+가정법 과거완료: I wish+주어+had v-ed(~였다면
좋을 텐데)
10 ① have → has, either A or B는 B에 동사의 수를
일치시킨다.
▶ woods 숲
11 ⑤ will graduate → graduates, 시간을 나타내는
부사절에서는 미래의 일을 현재시제로 나타낸다.
▶ graduate 졸업하다
12 ④ If it had not been → If it had not been for, '~이
없었다면'은 If it had not been for ~로 표현한다.
▶ soldier 군인 business 사업 close (사이가) 가까운 major 전공

13 '~하지 않는다면(if ... not)'은 unless로 바꿔 쓸 수 있다.
14 '~이 없다면 …일 것이다'의 의미이므로 가정법 과거(If it were
not for ~)로 바꿔 쓸 수 있다.
15 • while: ~하는 동안에
• not only A but also B는 B에 동사의 수를 일치시킨다.
▶ water (화초에) 물을 주다 have trouble v-ing ~하는 데 어려움을
겪다
16 현재 사실과 반대되는 일을 가정하는 것이므로 가정법 과거를
쓴다.
17 과거 사실과 반대되는 일을 가정하는 것이므로 가정법
과거완료를 쓴다.
18 과거 사실과 반대되는 일에 대한 소망, 아쉬움은 「I wish+
가정법 과거완료」로 표현한다.
19 주절과 일치하는 시점의 일을 반대로 가정하는 것이므로 「as
if+가정법 과거」를 쓴다.
20 I wish+가정법 과거: I wish+주어+동사의 과거형(~라면 좋을
텐데)
21 ①은 '만일 ~한다면', 나머지는 '~인지'
▶ participate in ~에 참여하다 debate 토론 curious 궁금한
22 가정법 과거: If+주어+동사의 과거형, 주어+would[could,
might]+동사원형(만일 ~라면, …할 텐데)
23 neither A nor B는 B에 동사의 수를 일치시킨다.
24 '만일 ~했다면, …할 텐데'는 혼합 가정법으로, 「If+주어+had
v-ed, 주어+would[could, might]+동사원형」의 형태로
쓴다.
▶ professor 교수
25 주절보다 이전 시점의 일을 반대로 가정할 때는 「as if+가정법
과거완료」의 형태로 쓴다.

서술형 내공 Up

p. 79

A **1** That restaurant has good service as well as
good food.
2 The question is whether he will agree or not.
3 Even if the rumor is true, I don't care.

B **1** If it were not for my friends
2 either this opera or that musical
3 as if she had read the article

C **1** my sister didn't live far away, I could visit her
often
2 you had left earlier, you would not have
missed the plane

D **1** were a baby, I wouldn't
2 had run, I could have

E ⓐ → I wish I had a brother or a sister.
ⓑ → I have both a brother and a sister.

A 1 B as well as A: A뿐만 아니라 B도
2 보어 역할을 하는 명사절을 이끄는 접속사 whether
3 even if: 만약 ~할지라도
▶ care 상관하다, 관심을 가지다

B 1 가정법 과거이므로 If it were not for(~이 없다면)를 쓴다.
2 either A or B: A 혹은 B 중 하나
3 주절보다 이전 시점의 일을 반대로 가정하므로 「as if+
가정법 과거완료」를 쓴다.
▶ article (신문 등의) 글, 기사

C 1 현재 사실과 반대되는 일을 가정하는 것이므로 가정법
과거를 쓴다.
2 과거 사실과 반대되는 일을 가정하는 것이므로 가정법
과거완료를 쓴다.

D 1 현재 사실과 반대되거나 실현 가능성이 없는 일을 가정할 때
가정법 과거를 쓴다.
2 과거 사실과 반대되는 일을 가정할 때 가정법 과거완료를
쓴다.

E ⓐ I wish+가정법 과거: I wish+주어+동사의 과거형(~라면
좋을 텐데)
ⓑ both A and B: A와 B 둘 다

Lucas: 너는 외동이니?
Emily: 응, 그래. 나에게 남자 형제나 여자 형제가 있으면
좋을 텐데.
Lucas: 나는 남자 형제와 여자 형제 둘 다 있어. 하지만 나는
내가 외동이면 좋겠어.
Emily: 정말? 내 생각에, 그들이 없으면 너는 외로울 거야.

▶ only child 외동 lonely 외로운

문법정리 OX
p. 80

1 X, that → whether   2 O   3 X, or → nor   4 X, are
→ were   5 X, have not been → had not been   6 X,
watched → had watched   7 X, as if he is → as if he
were   8 O

Chapter 8
일치, 비교, 특수 구문

UNIT 1 일치
p. 82

A

1 우리 동아리의 모든 회원은 유니폼을 입는다.
20킬로미터는 내가 뛰기에 너무 멀다.
수학은 공부하기가 쉽지 않다.
여우 중 한 마리가 나를 보고 있다.
매일 달리는 것은 네가 건강을 유지하는 데 도움을 준다.
그가 그녀를 떠난 이유는 아직도 알려지지 않았다.

2 Peter와 Sam은 함께 중학교에 다닌다.
노인들은 보통 좋은 조언자이다.
많은 어린이들이 그 사고로 다쳤다.

Grammar Tips
대부분의 물이 오염되었다.
주민의 3분의 1이 영국 출신이다.
카레밥은 내가 가장 좋아하는 요리 중 하나이다.
자동차의 수가 늘어나고 있다.

Check-up
1 are → is   2 drinks → drink   3 are → is
4 are → is   5 want → wants

B

1 그녀는 날씨가 나쁘다고 말한다.
그녀는 날씨가 나빴다고 말한다.
그녀는 날씨가 나쁠 거라고 말한다.
그녀는 날씨가 나쁘다고 말했다.
그녀는 날씨가 나빴다고 말했다.
그녀는 날씨가 나쁠 거라고 말했다.

2 그들은 지구가 둥글다는 것을 알았다.
우리 아빠는 나에게 정직이 최선의 방책이라고 말씀하셨다.
김 선생님은 우리에게 한국 전쟁이 1950년에 발발했다고
말씀해 주셨다.
그가 나에게 매일 영어 뉴스를 시청한다고 말했다.

Check-up
1 goes[went]   2 would visit   3 moves   4 described

UNIT 2 비교와 특수 구문 p. 84

A

1 그는 Beth만큼 똑똑하다.
이 강은 내 고향에 있는 강만큼 아름답지는 않다.
2 뉴욕시는 시카고보다 더 크다.
내 문제는 네 문제보다 더 심각하다.
3 서울은 한국에서 가장 붐비는 도시이다.
Cindy는 그녀의 가족 중에서 가장 어리다.

Grammar Tips
그녀는 Tom보다 훨씬 더 조심스럽게 운전한다.

Check-up

1 taller 2 the highest 3 as interesting as
4 much[even, far, a lot]

B

1 너는 가능한 한 빨리 떠나는 편이 낫겠다.
저 가게에는 이 가게보다 두 배 더 많은 가방이 있다.
그녀는 나이가 들수록 더 현명해졌다.
그 가수는 점점 더 인기를 얻게 되었다.
그는 그의 학교에서 가장 빨리 달리는 주자 중 한 명이다.
2 Ian은 우리 반에서 가장 웃긴 소년이다.
Ian은 우리 반에서 다른 어떤 소년보다 웃기다.
우리 반에 있는 어떤 소년도 Ian보다 웃기지 않다.
우리 반에 있는 어떤 소년도 Ian만큼 웃기지 않다.

Check-up

1 three times as long as
2 The harder, the more
3 more difficult than any other language

C

1 그는 낙제하지 않기 위해 열심히 공부했다.
→ 그는 낙제하지 않기 위해 정말 열심히 공부했다.
나는 어제 공원에서 Kate를 만났다.
→ 내가 어제 공원에서 만난 사람은 바로 Kate였다.
2 그들 모두가 네 생각을 좋아하는 것은 아니다.
우리 중 어느 누구도 이런 날씨에 나가고 싶어하지 않는다.
3 언덕 위에 키 큰 남자가 서 있었다.
나는 그가 오리라고는 절대 상상도 하지 않았다.
Junho는 사람들을 설득하는 데 능해. – 나도 그래.
나는 지금 저녁을 먹고 싶지 않아. – 나도 먹고 싶지 않아.

Check-up

1 It was Nancy that gave me a flower. 나에게 꽃을 준
사람은 바로 Nancy였다.
2 Never have I heard such a funny story. 나는 그렇게
웃긴 이야기를 전혀 들어본 적이 없다.

3 The rich are not always happy. 부자들이 항상 행복한
것은 아니다.

내신 적중 테스트 p. 86

1 ① 2 ③ 3 ④ 4 ② 5 ② 6 ② 7 ③ 8 ②
9 ⑤ 10 ③ 11 Not everybody agreed 12 twice
as big as 13 ④ 14 has 15 The more, the
worse 16 ⑤ 17 ② 18 ⑤ 19 was my wallet
that 20 did win 21 ② 22 ② 23 ④ 24
would pay 25 had to apologize

1 everything은 단수 취급한다.
▶ on sale 할인 중인
2 A and B는 복수 취급한다.
3 시간은 단수 취급한다.
4 역사적 사실은 주절의 시제와 상관없이 과거시제를 쓴다.
▶ Pride and Prejudice 「오만과 편견」
5 「So+동사+주어」는 '~도 또한 그렇다'는 뜻으로 긍정문 뒤에
쓴다.
6 비교급 앞에서 비교급을 강조하는 말은 much, even, far, a
lot이다.
7 heavy의 비교급은 heavier이다.
▶ generous 너그러운
8 ② 첫 번째 문장은 Shane이 더 부지런하다는 뜻이고, 두 번째
문장은 Tom이 더 부지런하다는 뜻이다.
▶ hard-working 근면한, 부지런히 일하는
9 ① → is, 국가명은 단수 취급한다.
② → is, 「one of+복수명사」는 단수 취급한다.
③ → is, trial and error는 '시행착오'라는 뜻으로 하나의
개념이므로 단수 취급한다.
④ → are, 「half of ~」는 of 뒤에 나오는 명사에 동사의 수를
일치시킨다.
▶ trial and error 시행착오
10 ① → warmer and warmer, 비교급+and+비교급: 점점 더
~한
② → as high as possible, as+원급+as possible:
가능한 ~한[하게]
④ → the worst, the+최상급+of ~: ~에서 가장 …한[하게]
⑤ → the busiest cities, one of the+최상급+복수명사:
가장 ~한 …중의 하나
11 '모두 ~인 것은 아니다'는 Not everybody ~로 표현한다.
▶ opinion 의견
12 배수사+as+원급+as ~: ~보다 몇 배 …한
13 동명사구는 단수 취급하고, 「the+형용사」는 '~한 사람들'이라는
뜻으로 쓰이면 복수 취급한다.
14 「the number of+복수명사(~의 수)」는 단수 취급한다.
▶ decrease 감소하다 sharply 급격히
15 the+비교급, the+비교급: ~하면 할수록 더 …한
16 none은 '아무도 ~ 않다'라는 뜻으로 전체 부정을 나타낸다.

17 '항상 ~인 것은 아니다'는 not always ~로 표현한다.

18 「Neither+동사+주어」는 '~도 또한 그렇지 않다'의 뜻으로 부정문 뒤에 쓴다.

19 강조하는 말을 It was와 that 사이에 두어 '…인 것은 바로 ~이었다'를 표현한다.

20 「do/does/did+동사원형」의 형태로 일반동사를 강조할 수 있다.

21 ② → study, 「a number of+복수명사(많은 ~)」는 복수 취급한다.
▶ hallway 복도 abroad 해외에서 tax 세금

22 ② → Hardly does she go, 부정어를 강조할 경우 일반동사가 쓰인 문장은 「부정어+do/does/did+주어+동사」의 어순으로 쓴다.

23 ④ was → is, 과학적 사실은 주절의 시제와 상관없이 현재시제를 쓴다.
▶ take a bath 목욕하다 Brazilian 브라질 사람 Portuguese 포르투갈어

24 주절의 시제가 현재에서 과거로 바뀌면 종속절의 will은 would로 바뀐다.
▶ pay back 갚다, 돌려주다

25 주절의 시제가 현재에서 과거로 바뀌면 종속절의 have to는 had to로 바뀐다.

서술형 내공 Up
p. 89

A 1 A number of people were waiting for the bus.
  2 One of my friends works at a fast-food restaurant.
  3 The math exam was much more difficult than

B 1 their trip would be fantastic
  2 more and more exhausted
  3 as carefully as possible

C 1 It was yesterday that we had to pick up Leo at the airport.
  2 Never did Jina eat alone in the cafeteria last year.
  3 My mother always said that a friend in need is a friend indeed.

D 1 as expensive as
  2 cheaper than
  3 twice as expensive

E ⓐ → So am I ⓑ → more comfortable than ⓓ → paid[had paid]

A 1 「a number of+복수명사(많은 ~)」는 복수 취급한다.
  2 「one of+복수명사(~ 중의 하나)」는 단수 취급한다.
  3 much+비교급: 훨씬 더 ~한

B 1 주절이 과거시제이므로 종속절은 과거 또는 과거완료시제로 쓴다.
  2 비교급+and+비교급: 점점 더 ~한, 비교급에 more가 붙었을 때는 more and more ~로 쓴다.
▶ exhausted 기진맥진한
  3 as+원급+as possible: 가능한 ~한[하게]

C 1 강조하는 말을 It was와 that 사이에 둔다.
  2 부정어를 강조하므로 「부정어+did+주어+동사」의 어순으로 쓴다.
  3 격언은 주절의 시제와 상관없이 현재시제를 쓴다.
▶ in need 어려움에 처한 indeed 정말

D 1 as+원급+as ~: ~만큼 …한[하게]
  2 비교급+than ~: ~보다 더 …한[하게]
  3 배수사+as+원급+as ~: ~보다 몇 배 …한

E ⓐ 긍정문인 앞 문장의 동사가 be동사이면 「So+be동사+주어」를 쓴다.
  ⓑ 3음절 이상의 단어를 비교급으로 만들 때는 앞에 more를 쓴다.
  ⓓ 주절의 시제가 과거이므로 종속절에는 과거 또는 과거완료시제를 쓴다.

Amy: 나는 매일 교복을 입는 게 지겨워.
Jim: 나도 그래. 나는 티셔츠와 청바지를 입고 싶어. 그것들이 교복보다 더 편해.
Amy: 맞아. 어떤 사람들은 교복을 입는 것이 돈을 절약하는 데 도움을 준다고 생각하지만, 교복은 비싸.
Jim: 응, 우리 엄마는 내 교복에 30만원 정도 내셨다고 했어. 그건 큰 돈이야.

▶ be tired of ~에 싫증이 나다

문법정리 OX
p. 90

1 X, were → was 2 X, make → makes 3 X, will → would 4 O 5 X, best → good 6 X, fast → faster 7 X, do liked → did[do] like 8 O

memo

memo

열여섯 시간에 완성하는 중학 영어 단기 특강

열중 16강
문법 LEVEL 3

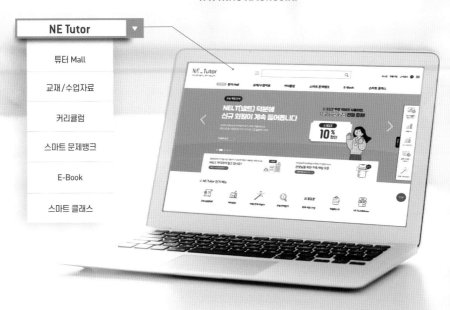

초·중등 영어 독해 필수 기본서 주니어 리딩튜터

STARTER 1
(초4–5)

STARTER 2
(초5–6)

LEVEL 1
(초6–예비중)

LEVEL 2
(중1)

LEVEL 3
(중1–2)

LEVEL 4
(중2–3)

최신 학습 경향을 반영한 지문 수록

· 시사, 문화, 과학 등 다양한 소재로 지문 구성
· 중등교육과정의 중요 어휘와 핵심 문법 반영

양질의 문제 풀이로 확실히 익히는 독해 학습

· 지문 관련 배경지식과 상식을 키울 수 있는 다양한 코너 구성
· 독해력, 사고력을 키워주는 서술형 문제 강화

Lexile 지수, 단어 수에 기반한 객관적 난이도 구분

· 미국에서 가장 공신력 있는 독서능력 평가 지수 Lexile 지수 도입
· 체계적인 난이도별 지문 구분, 리딩튜터 시리즈와 연계 강화